ICT建设与运维岗位能力培养丛书

信息工程制图

主　编　欧　薇　龚建锋　蔡　臻

副主编　黄君羡　池　璐　邓　勇

参　编　廖孝彪　赵　景　马　骁　梁皓嶙

　　　　欧阳绪彬　吴华中　林浩如　陈宜祺

组　编　正月十六工作室

主　审　万兴图示

电子工业出版社

Publishing House of Electronics Industry

北京·BEIJING

内 容 简 介

本书专为网络、物联网、数据中心、移动通信等 ICT 领域从业者量身打造，聚焦信息工程图纸绘制的核心技能，系统地介绍了建筑平面图、机房平面布局图、网络工程流程图、智能家居网络拓扑图等典型场景的识图与制图技能。

以国产化标杆软件亿图图示作为技术平台，本书紧密贴合行业规范与真实工程场景，精心挑选 12 个典型项目案例，按照业务实施流程逐步推进，通过标准化制图流程训练，助力读者掌握规范化的工程制图本领。

教材配套微课视频、教学课件、实践项目库及 CAD/Visio 双平台制图方案等数字化资源，既可作为职业院校信息类专业的制图权威教程，也可作为信创适配中心推进国产软件迁移的标准化培训手册，更有助于提升从业技术人员的专业绘图素养。

图书在版编目（CIP）数据

信息工程制图 / 欧薇，龚建锋，蔡臻主编. -- 北京 ：
电子工业出版社，2025. 9. -- ISBN 978-7-121-50926-1

Ⅰ. G202；TB23

中国国家版本馆 CIP 数据核字第 2025HZ4463 号

责任编辑：李　静
印　　刷：天津画中画印刷有限公司
装　　订：天津画中画印刷有限公司
出版发行：电子工业出版社
　　　　　北京市海淀区万寿路 173 信箱　　　邮编：100036
开　　本：787×1092　　1/16　　印张：11.5　　字数：221 千字
版　　次：2025 年 9 月第 1 版
印　　次：2025 年 9 月第 1 次印刷
定　　价：39.80 元

凡所购买电子工业出版社图书有缺损问题，请向购买书店调换。若书店售缺，请与本社发行部联系，联系及邮购电话：（010）88254888，88258888。

质量投诉请发邮件至 zlts@phei.com.cn，盗版侵权举报请发邮件至 dbqq@phei.com.cn。

本书咨询联系方式：（010）88254604，lijing@phei.com.cn。

前　言

信息技术应用创新产业是国家战略性新兴产业，对保障国家信息安全、推动经济高质量发展具有重要意义。近年来，随着信息技术的快速发展，信息安全问题日益突出，信息技术应用创新已成为支撑国家数字化转型的核心动力。为普及和推广信息技术应用创新产业的相关知识和技术，正月十六工作室联合万兴图示共同编撰了本书，共同推动国产绘图软件领域人才的培养。

信息工程制图的内容不仅包含网络拓扑结构的设计，还包含综合布线规划、机房布局设计、设备安装规范、标识系统管理等诸多方面。精准规范的工程图纸能够有效指导施工流程，降低工程实施风险，提高网络系统的可靠性和可维护性。掌握专业的工程制图方法，对于从事网络工程实施、系统集成开发、楼宇智能化等领域的技术人员至关重要。

本书旨在为读者提供一套系统性、实用性的工程制图指南，涵盖从基础绘图工具的使用到各类专业图纸绘制的方法。本书结合行业标准和实际工程案例，详细介绍了亿图图示的操作技巧，并通过项目化的方式，助力学习者逐步掌握网络工程制图的核心技能。

本书遵循由简单到复杂的规律，围绕网络工程师岗位对工程制图核心技能的要求，基于工作过程系统化方法，按照平面图、布线图、拓扑图等工程图纸类型，设计了 12 个进阶式项目案例。在每个项目中，按需融入图纸相关的专业知识，相对于传统教材，读者不仅能够掌握信息工程制图的绘制方法，还能够掌握图纸背后的专业知识、应用场景、实施流程，高度契合工程师岗位的制图技能要求。

本书参考学时为 32～36 学时，学时分配表如表 1 所示。

表 1　学时分配表

项　目　名　称	学　时
项目 1　了解信息工程制图	4
项目 2　绘制建筑平面图	2
项目 3　绘制数据中心机房平面布局图	2
项目 4　绘制网络工程流程图	2
项目 5　绘制楼层水平布线图	4
项目 6　绘制网络与光纤配线架	2
项目 7　绘制 110 语音配线架	2
项目 8　绘制机柜安装示意图	2
项目 9　绘制标识管理示意图	2
项目 10　绘制综合布线系统图	2
项目 11　绘制智能家居网络拓扑图	2
项目 12　绘制全光网拓扑图	2
综合考核	4
课时总计	32

本书由欧薇、龚建锋、蔡臻担任主编，黄君羡、池璐、邓勇担任副主编，编者信息如表 2 所示。

表 2　教材参编单位和编者信息

参 编 单 位	编　者
广东交通职业技术学院	欧薇、蔡臻、池璐、马骁、黄君羡、梁皓嶙
茂名职业技术学院	龚建锋
广东松山职业技术学院	邓勇
许昌职业技术学院	赵景
广州宇洪科技股份有限公司	廖孝彪
广东省公共安全技术防范协会	陈宜祺
正月十六工作室	欧阳绪彬、吴华中、林浩如

　　本书的编写得到了多位行业专家、高校教师和企业工程师的支持，他们在技术审核、案例提供和内容优化等方面给予了宝贵建议。同时，还要感谢电子工业出版社编辑团队的辛勤付出，使本书得以顺利出版。

　　网络技术日新月异，本书虽力求全面、准确，但仍可能存在不足之处，欢迎广大读者和同行批评指正，以便我们在后续版本中不断完善。

　　希望本书能成为读者在网络工程制图领域的实用参考书，助力大家在职业发展和技术实践中取得更大进步！

正月十六工作室

2025 年 5 月

目　　录

项目1

了解信息工程制图

【项目学习目标】

（1）掌握亿图图示软件基本绘图工具的使用方法。

（2）了解信息类岗位工作中常见图纸的使用方法。

项目背景

公司近期录用了一批实习生，为了让实习生快速掌握信息工程制图技能，公司实习生导师郑老师根据信息类岗位工作中的实际情况，梳理了工作中常见的图纸类型，并绘制了一张信息工程制图示意图，如图 1-1 所示。

为了让实习生快速掌握国产主流绘图软件亿图图示的应用，公司要求实习生使用亿图图示软件完成图 1-1 展示的图纸的绘制，在熟悉亿图图示软件操作方法的同时，了解未来工作岗位的需求。

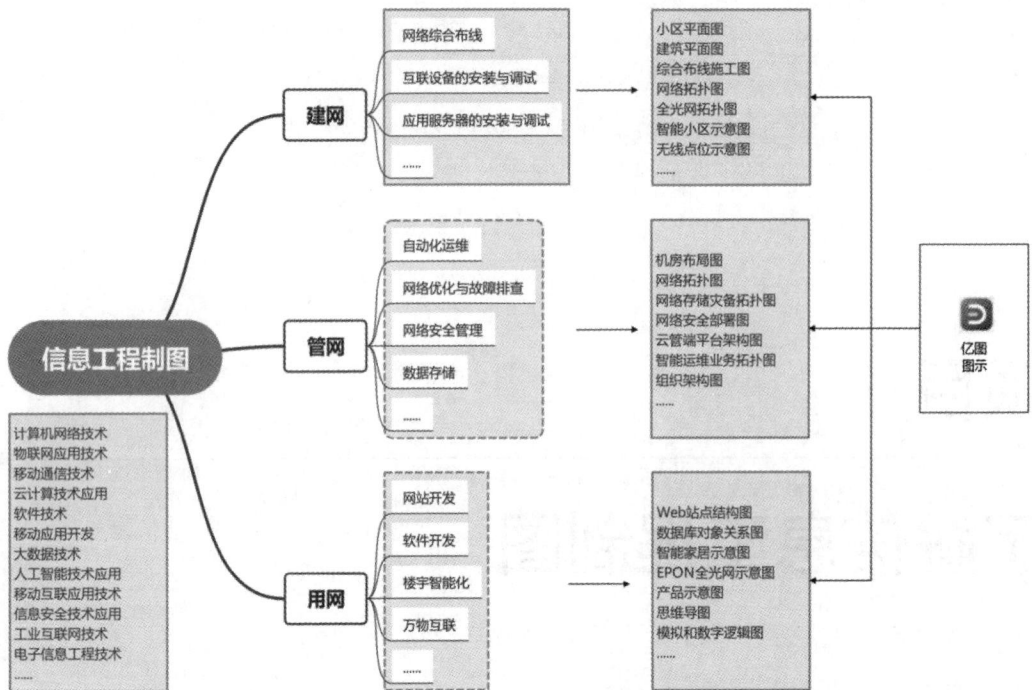

图 1-1　信息工程制图示意图

项目需求分析

图纸绘制是信息类岗位的典型工作任务之一，工程师按照工作任务要求在信息类项目的不同阶段绘制相应的图纸，用于辅助完成项目进度的记录与汇报。在实际工作岗位中，常用的绘图软件有 AutoCAD、Visio、亿图图示、draw.io 等。随着国产软件的不断发展，亿图图示逐渐成为使用率较高的绘图软件，是信息类岗位工作人员的必备工具。

本项目需要绘制信息工程制图示意图，任务如下。

（1）掌握亿图图示软件的基本技能。

（2）了解信息类岗位的常见图纸类型。

（3）掌握亿图图示软件中思维导图与图形的创作方法。

（4）掌握亿图图示软件中文字处理的方法。

通过项目管理相关知识的学习，人们可以了解到网络工程在项目设计、项目实施、项目运营、项目维护、项目优化和项目升级等过程中，都需要通过相关的专业图纸来辅助增强项目文档的专业性和准确性。

（1）项目设计阶段需要制作的图纸包括小区平面图、建筑平面图、机房布局图、布线施工图。

（2）项目实施阶段需要制作的图纸包括网络设备安装调试示意图、网络拓扑图、无线网络示意图。

（3）项目运营阶段需要制作的图纸包括网络管理示意图、网络优化与故障检测示意图、网络安全部署图。

相关知识

1.1　亿图图示软件

亿图图示是一款功能强大的图形设计软件，其内置了庞大的符号库，涵盖了项目管理、房屋平面图、网络图等多种与网络工程相关的符号子库，为网络制图提供了丰富的素材。亿图图示软件凭借简单的绘图流程，能快速完成专业图纸的绘制，其界面设计简洁直观，操作方式易于用户掌握。通过它，用户可以轻松绘制清晰准确的网络拓扑图、Cisco 网络图、机架图等专业图纸，极大地提高了网络图纸的输出效率。亿图图示软件提供了自动排版和自动对齐等智能化功能，让绘制的网络图纸更加美观、整洁。用户还可以使用自定义符号功能，自行绘制符号，完成个性化网络图纸的制作。

以下是亿图图示软件工作界面的基本介绍。

1. 首页

打开亿图图示软件，其默认界面分为左侧的功能和右侧的主窗口两大部分，如图 1-2 所示。通过单击左上角黑色框中的"新建"按钮，用户可以按照自己的需求新建文件，文件类型包含空白绘图、基本流程图、基本框图、组织架构图、思维导图、网络图、甘特图、UML 图和软件架构图等日常图纸。右侧区域的顶端设置了搜索功能，用于搜索绘图模板或用户文件。搜索栏下方设置了 11 个分类，分别为精选推荐、亿图 AI、通用、商务、IT、工程、教育科学等。通过这些分类可以进一步细化筛选，让用户可以更直观地找到自己心仪的模板。其中的亿图 AI 是此软件中的热门功能，它可以通过软件的 AI 功能实现人机对话和 AI 绘图，根据用户需求智能化完成绘图任务。

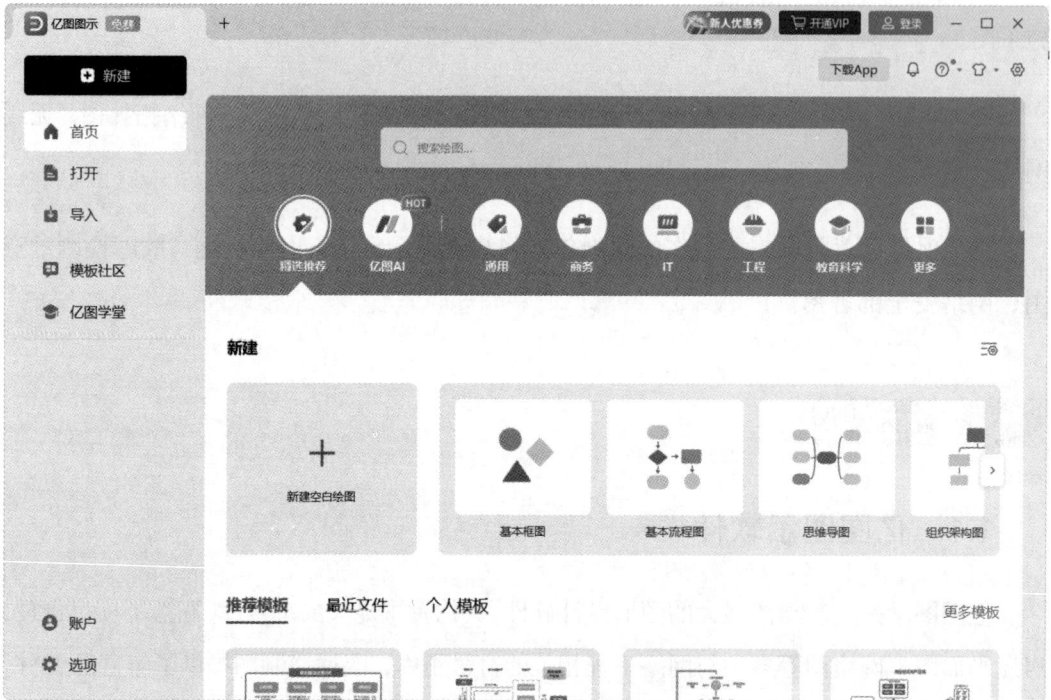

图 1-2　亿图图示软件的默认界面

2. 菜单栏

创建了绘图页面以后，会出现一个新建的页面，默认命名为"绘图 1"，如图 1-3 所示。该页面为用户绘制图纸的主页面，菜单栏包括文件、快速工具条、开始、插入、设计、视图、符号、高级和 AI 等选项，用户可以通过这些选项，进行文件操作、图纸编辑、视图调整等。

3. 工具栏

工具栏通常位于菜单栏下方，提供一些常用功能的快捷方式，开始选项卡下的工具栏中包括剪贴板、字体和段落、工具、样式、排列、替换等选项。

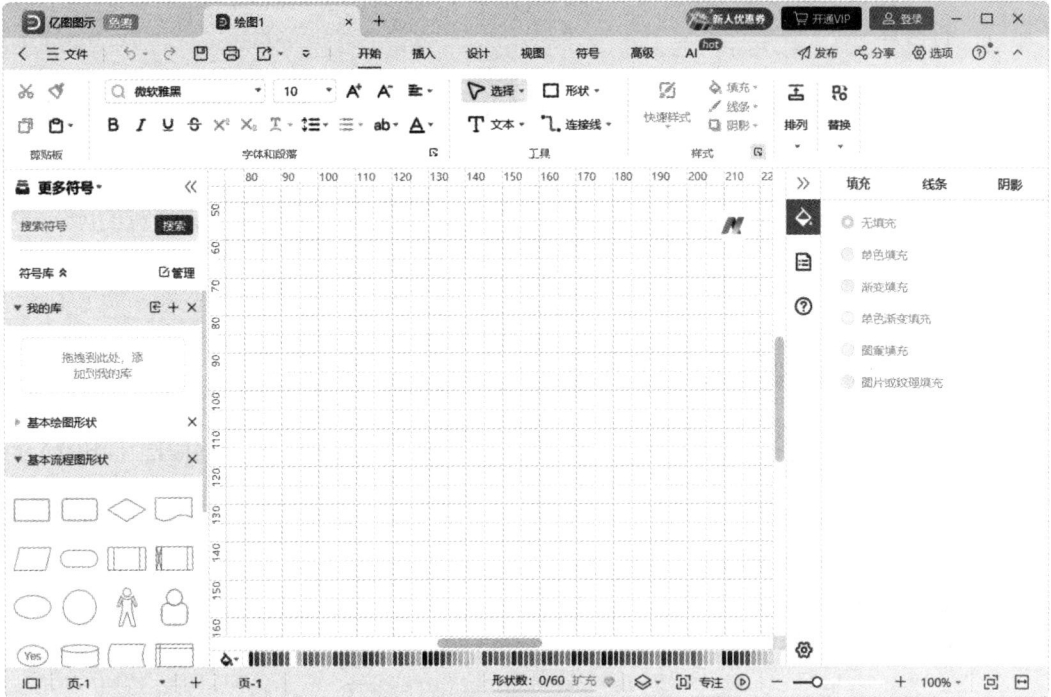

图 1-3　创建绘图页面

4. 绘图区域

绘图区域是用户操作软件的核心区域，在绘图区域内用户根据需求完成图纸制作。单个绘图文件可以包含多个子页面，用户可以把同一个项目阶段的图纸，通过不同子页面的形式存放在同一个绘图文件中。

5. 对象面板

对象面板位于绘图区域的左侧，包含了部分当前页面常用的对象，用户可以通过对象面板快速选用对象。

6. 属性面板

属性面板位于绘图区域的右侧，显示选中对象的样式和属性，样式子页面可以用来调整填充、线条和阴影等；属性子页面可以用来调整形状。

7. 符号库

绘图过程中需要使用的符号都可以从符号库中进行选择，之后拖曳到绘图区域，符号库根据图纸类型对预设符号进行分类管理，用户可以从多层菜单下找到自己需要的符号。如果符号库不能满足需求，用户还可以将自行绘制的复杂符号组合拖曳到"我的库"，进行个性化符号的分类管理和使用。

1.2 信息类岗位的常见图纸

信息类项目通常要经历网络建设（建网）、网络管理（管网）和网络应用（用网）三个阶段，工程师在不同阶段需要绘制不同的网络工程图纸，用来辅助说明设计方案和指导施工作业。三个阶段的图纸简介如下。

1. 建网阶段的图纸简介

建网阶段为网络工程的规划设计阶段，包含网络综合布线的设计、设备安装与调试的规划、应用服务器安装与调试的部署等典型工作任务。工程师需要通过绘制建筑平面图、综合布线施工图、网络拓扑图、无线点位设计示意图等图纸来明确项目的设计理念，利用图纸对工程实施人员进行施工指导，图纸可以视作甲乙双方重要的验收材料。部分关键图纸举例如下。

（1）小区平面图。

小区平面图又称总平面图，是用来说明建筑物所在具体位置和周围环境关系的图纸。通常会在图中标出拟建建筑物和周围已建建筑物的外形、层数及它们的相对位置关系，标注建筑物周围的地形、道路、水源等环境因素。某学校平面图如图 1-4 所示。

（2）建筑平面图。

建筑平面图又称平面图，是将建筑物的墙、门窗、楼梯、地面和内部功能布局等情况，以水平投影的方法按相应的比例投射到平面图纸上。某建筑平面图如图 1-5 所示。

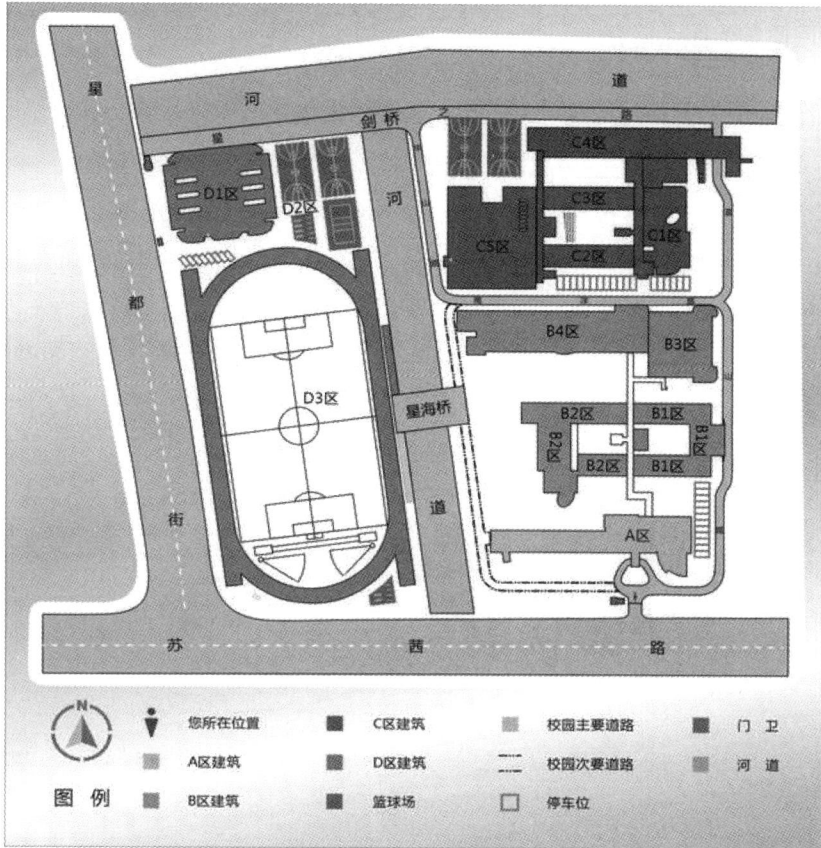

图1-4 某学校平面图

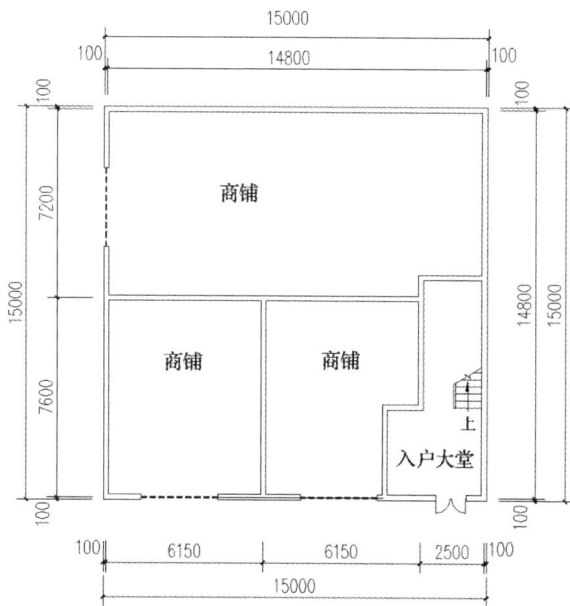

图1-5 某建筑平面图

2. 管网阶段的图纸简介

管网阶段为网络工程的部署实施阶段，包含网络优化与故障排查、自动化运维、网络安全管理、数据存储等典型工作任务，工程师需要通过绘制网络系统架构图、网络安全部署图、信息应急响应处置流程图等图纸来明确系统架构、组织架构，利用图纸对实施工程师的网络配置和策略部署工作进行指导，图纸可以视作甲乙双方重要的验收材料。

例如，网络系统架构图是用来展示各个组件之间的关系、通信方式和数据流向的图纸，能够帮助施工团队更好地搭建系统结构、实现系统功能和提升系统性能。某公司总分互联结构图如图 1-6 所示。

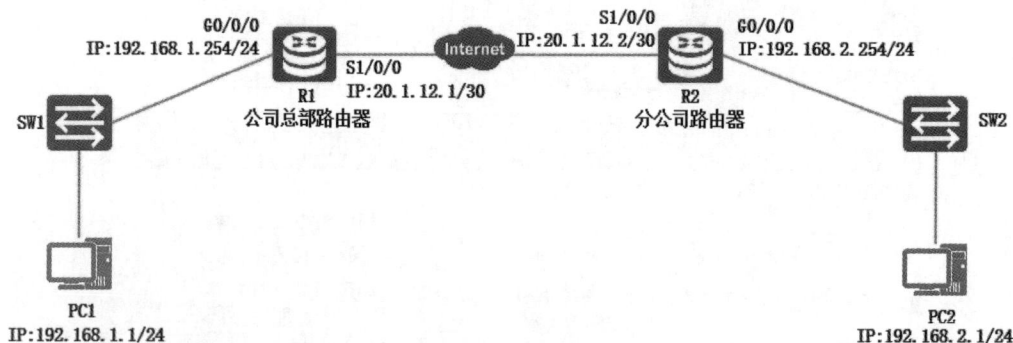

图 1-6　某公司总分互联结构图

3. 用网阶段的图纸简介

用网阶段为网络工程的日常运营阶段，包含网站开发、楼宇智能化应用、物联网应用等典型工作任务，工程师需要通过绘制智能家居示意图、Web 站点结构图、农业大棚物联网示意图等图纸来明确系统功能和应用成效，利用图纸对运维工程师的日常管理工作进行指导，图纸可以视作甲乙双方重要的验收材料。

例如，网站结构图是用来标识网站中各个页面（主题/模块）之间的层次关系的图纸，帮助用户快速了解站点的内容构成，并能通过其层次关系，快速找到需要访问的页面。某学校站点结构图如图 1-7 所示。

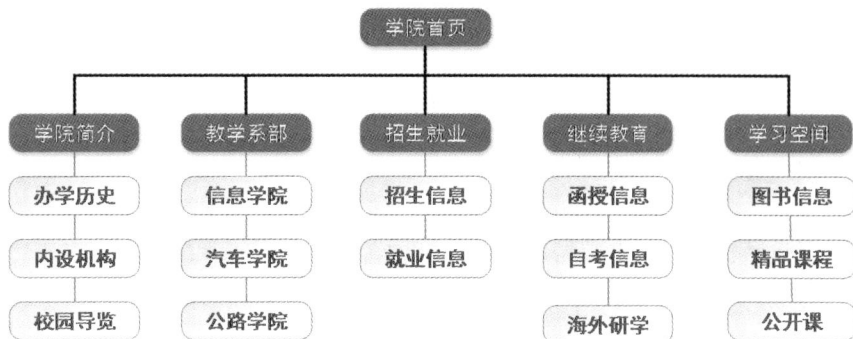

图 1-7   某学校站点结构图

项目实施步骤

通过分析与归纳，郑老师梳理了网络工程师在网络项目中的规划设计、实施、运营等不同阶段需要使用的图纸，并以建网、管网、用网这三个层次进行汇总，最终绘制成相应的思维导图，如图 1-8 所示。

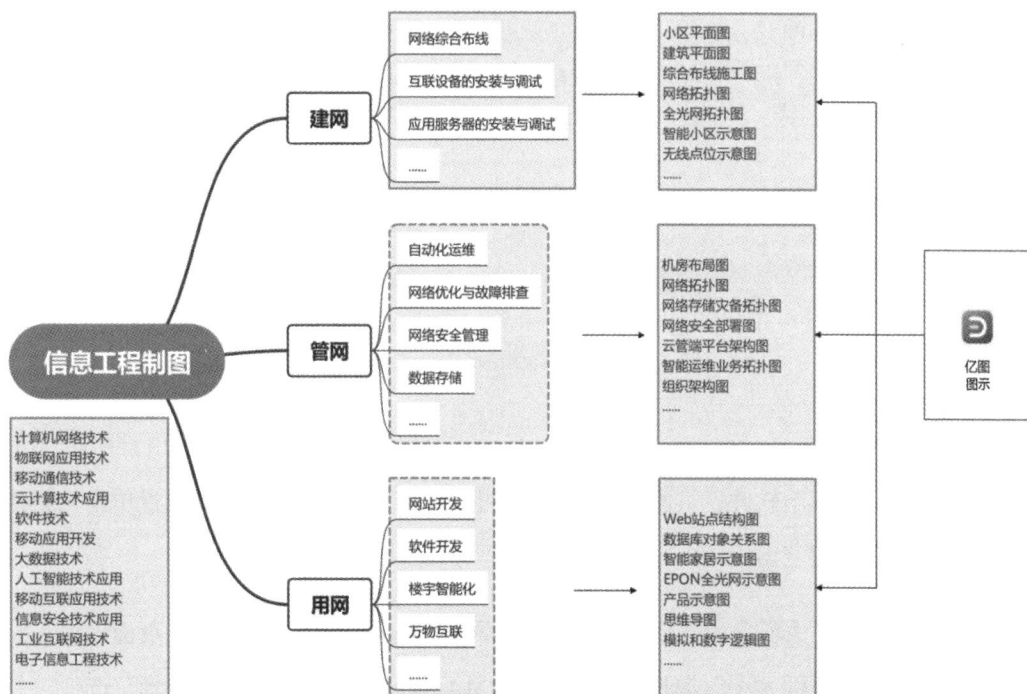

图 1-8   网络工程常见图纸

实习生收到郑老师的思维导图后,可以结合查阅公司以前使用的图纸和相关的网络资料,绘制网络工程制图的思维导图,主要步骤如下。

(1)绘制思维导图框架。

(2)根据自己整理的图纸类型,归纳总结后,添加到思维导图的文本框中。

项目操作

任务 1-1　思维导图与图纸绘制

思维导图与
图形创作

任务规划

依据图 1-8 所示的图纸,利用思维导图模板和基本流程图形状符号库完成图纸绘制。图纸绘制步骤如下。

(1)新建空白绘图。

(2)绘制思维导图。

(3)绘制基本形状。

(4)形状连线。

任务实施

1. 新建绘图

(1)打开亿图图示软件,页面中显示多种制图类型,如图 1-9 所示,通过单击"新建空白绘图"按钮创建空白绘图。

(2)在"设计"选项卡的"页面设置"组中单击右下角的按钮,弹出"页面设置"对话框,选中"预设页面大小"单选按钮,选择"A4 sheet,210 毫米×297 毫米"选项,并选择"页面方向"为"横向",选择"页面缩放比例"下拉列表中的"1:1"选项,单击"确定"按钮完成操作,如图 1-10 所示。在"设计"选项卡的"页面设置"组中选择"单位"为"厘米",如图 1-11 所示。

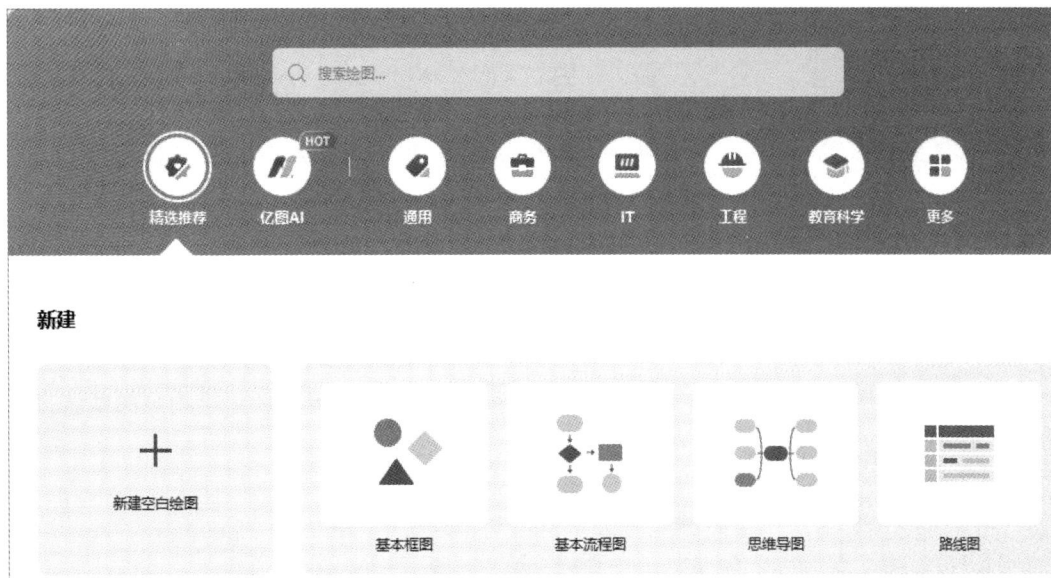

图 1-9 制图类型

图 1-10 页面设置

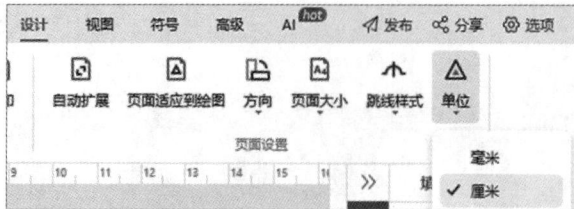

图 1-11　设置单位

2. 绘制思维导图

（1）在亿图图示绘图区域左侧检查"符号库"是否已经打开（新建绘图页面默认打开"符号库"），如图 1-12 所示。

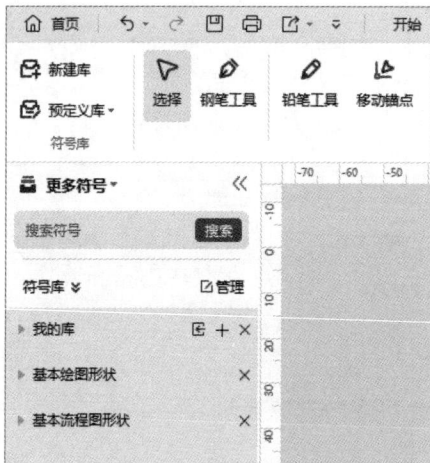

图 1-12　打开"符号库"

（2）此项目中使用的符号为"思维导图"，选择"更多符号"→"常规"→"思维导图"→"思维导图"选项，将"思维导图"添加到"符号库"中，如图 1-13 所示。

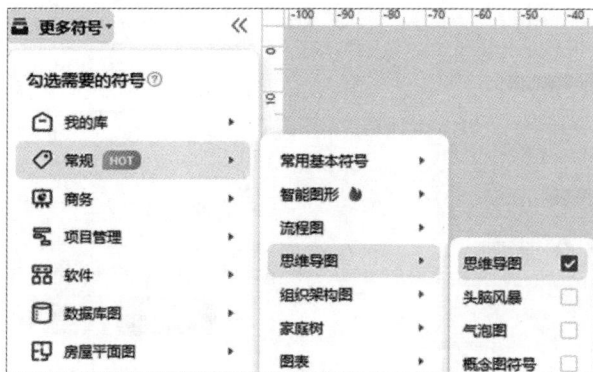

图 1-13　在"符号库"中添加"思维导图"

（3）在"思维导图"选区中拖曳向右思维导图的符号到绘图区域，如图 1-14 所示。双击"中心主题"，写入文本内容"信息工程制图"，如图 1-15 所示。

图 1-14 拖曳[1]主题符号

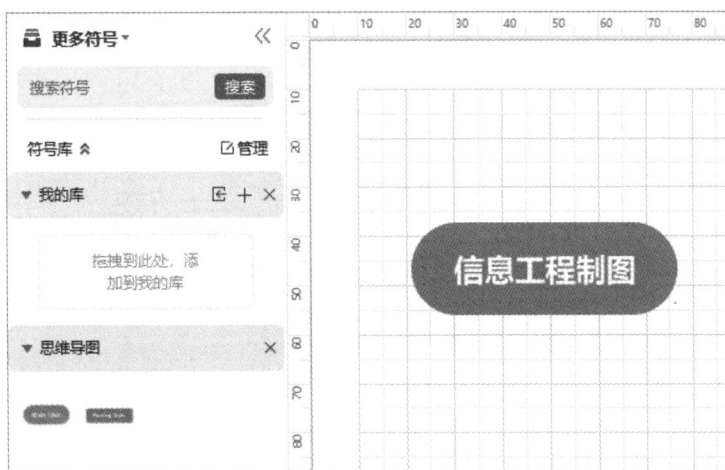

图 1-15 写入文本

（4）添加次主题：鼠标指向思维导图主题图标右侧显示的加号"⊕"，单击该加号可添加次主题，添加三个之后，分别双击并写入文本"建网""管网""用网"，如图 1-16 所示。

（5）单击"建网""管网""用网"右侧的"⊕"按钮，继续添加相应的子主题，如图 1-17 所示。

---

[1] 此图为软件图，故图中用"拖拽"，正文中用"拖曳"，下同。

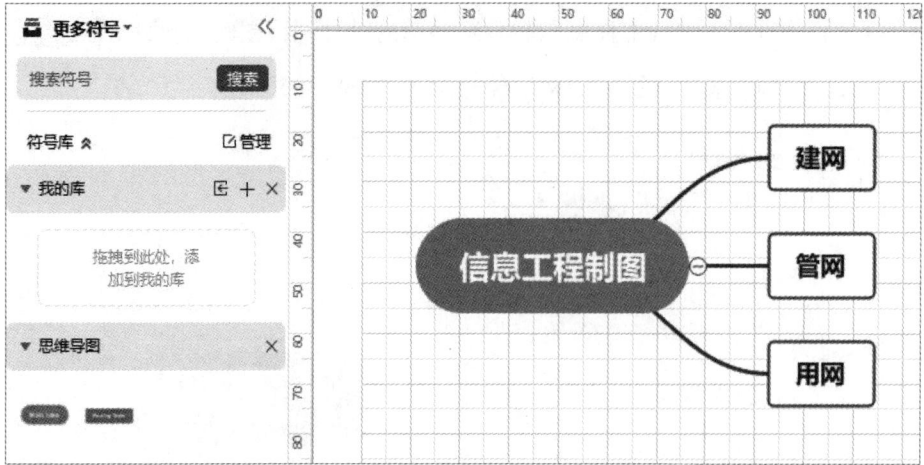

图 1-16　添加次主题

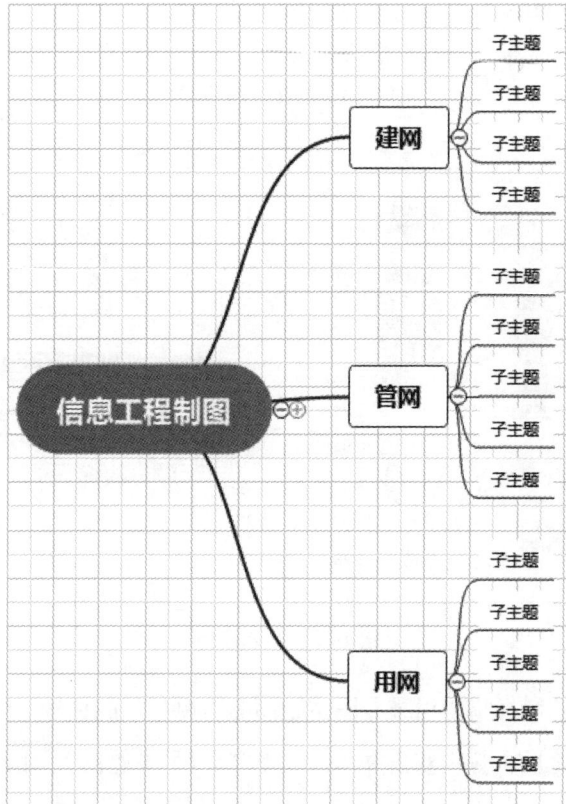

图 1-17　添加子主题

（6）按住键盘上的"Ctrl"键不放，选中所有子主题，之后在菜单栏中选择"外框"选项，如图 1-18 所示。用同样的方式，分别选中三个次主题后面所有的子主题，并在菜单栏中单击"形状"按钮选择第一个形状，如图 1-19 所示。

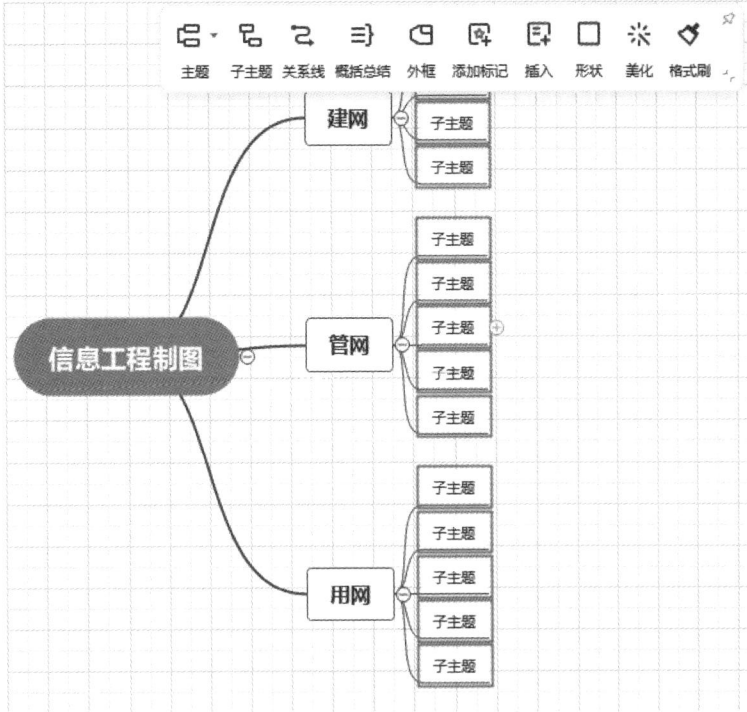

图 1-18　选择外框

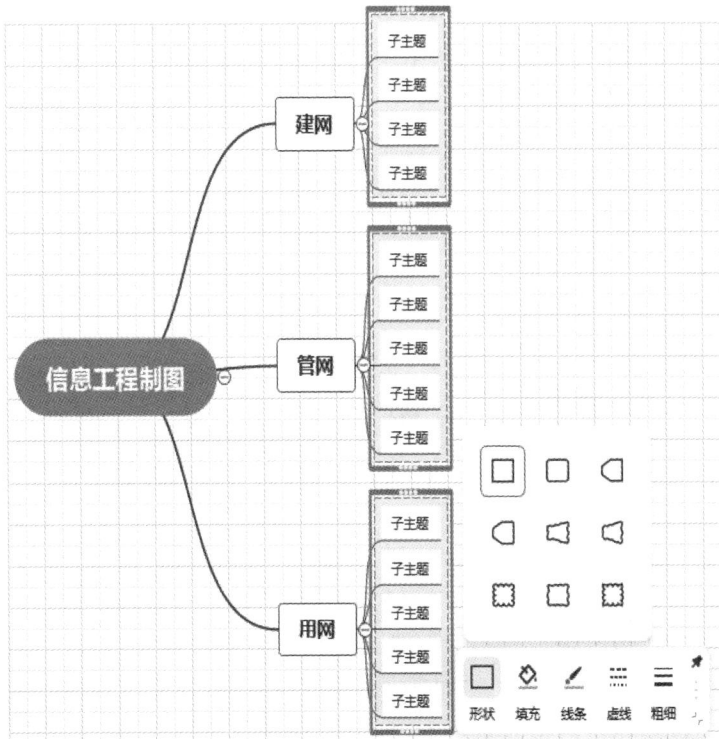

图 1-19　选择形状

3. 绘制文本框

（1）在"开始"选项卡的"工具"组中单击"文本"按钮，如图 1-20 所示。在绘图区域内拖曳鼠标左键制作文本框，如图 1-21 所示。

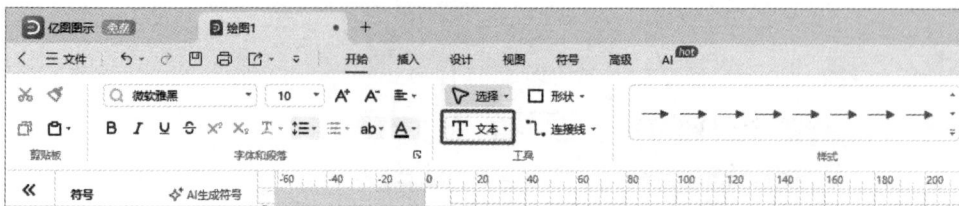

图 1-20　在"开始"选项卡中单击"文本"按钮

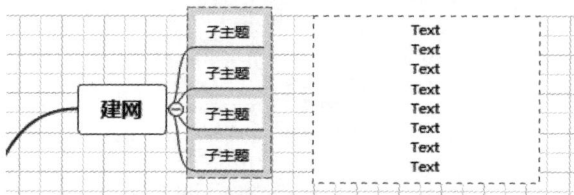

图 1-21　拖曳鼠标左键制作文本框

（2）单击"文本"按钮，重复拖曳鼠标左键在文本框下方再添加两个文本框，分别与三个子主题外框对齐，高度与左边的子主题外框相同，如图 1-22 所示。

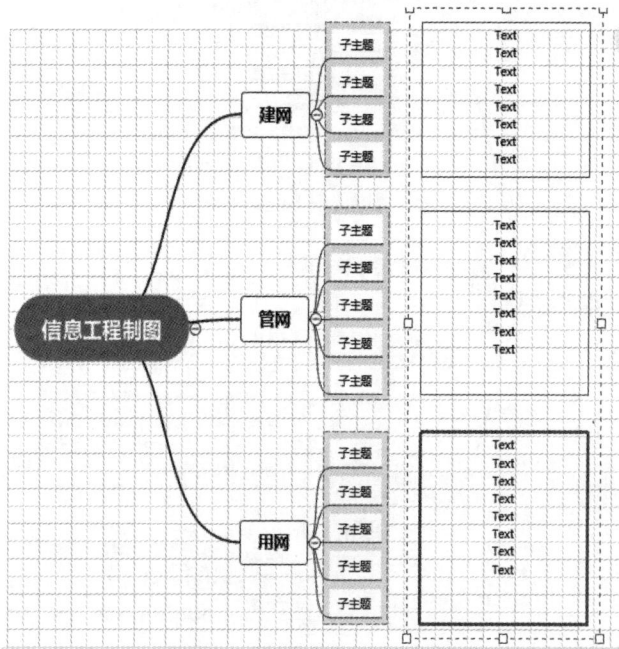

图 1-22　再添加两个文本框

（3）重复上述操作，分别在"信息工程制图"图形的下方和最右侧添加文本框，如图 1-23 所示。

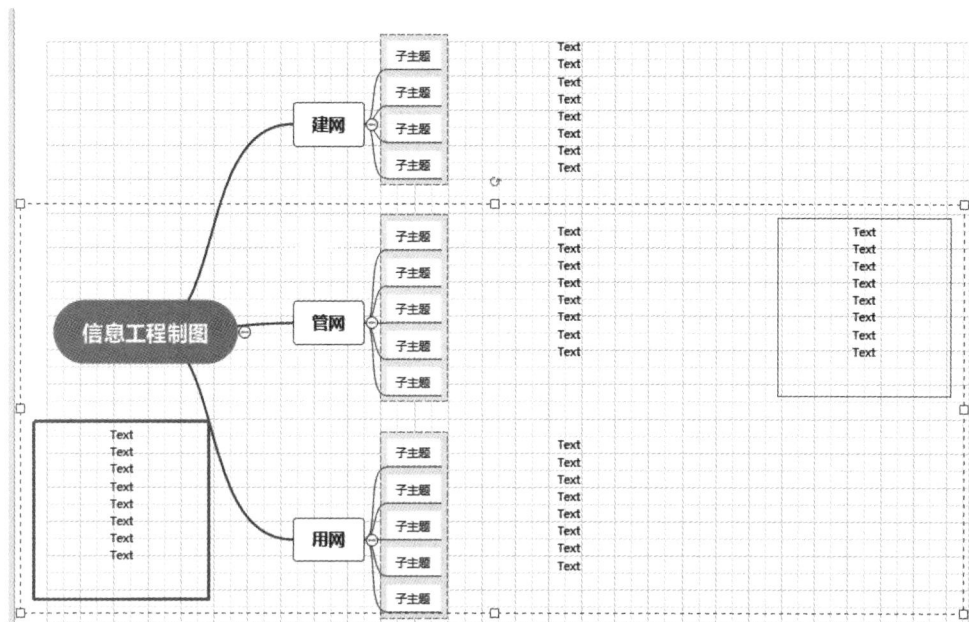

图 1-23　继续添加文本框

任务 1-2　亿图图示软件的文字处理

任务规划

亿图文字处理

根据图 1-8 所示的内容，将文字分别录入到图 1-23 所示的符号中。需要完成的任务如下。

（1）在思维导图中录入子主题。

（2）在文本框中录入文字，并编辑文字体例和段间距。

（3）创建思维导图连接。

任务实施

1. 添加文本

（1）双击思维导图中的"子主题"，输入相应的文本内容，如图 1-24 所示。

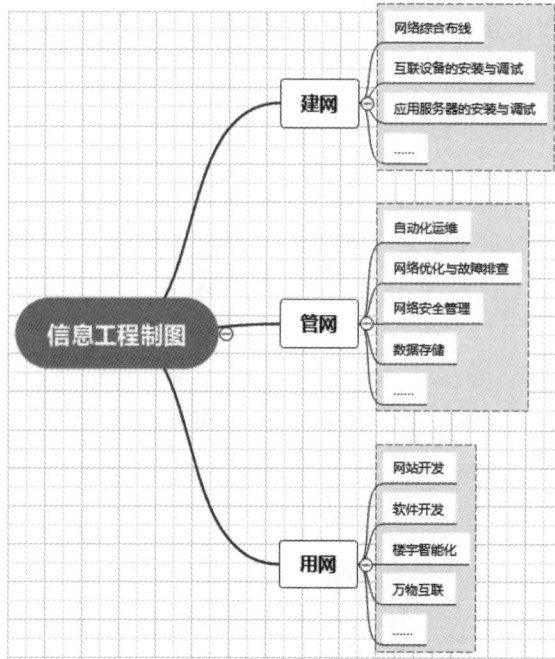

图 1-24　输入子主题文本内容

（2）重复操作，在所有文本框中写入文字，并在最右侧的文本框中添加亿图图示软件的图标及名称，如图 1-25 所示。

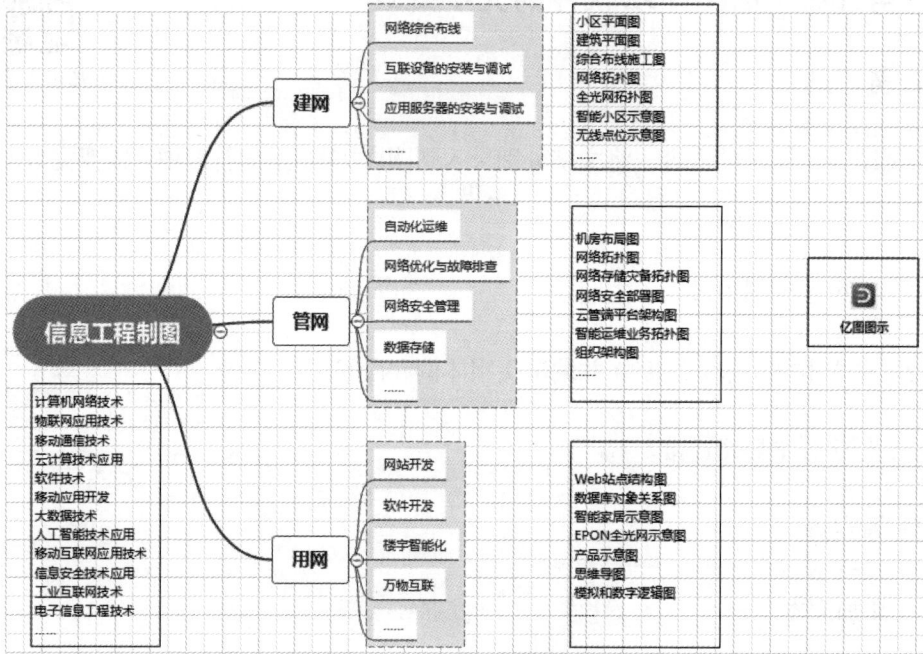

图 1-25　写入文本框内容

2．添加连接线

（1）在"开始"选项卡的"工具"组中单击"连接线"按钮，绘制连接线，如图 1-26 所示。

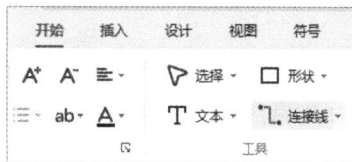

图 1-26　绘制连接线

（2）在"建网"的子主题与右侧的文本框之间，添加一条连接线，如图 1-27 所示。

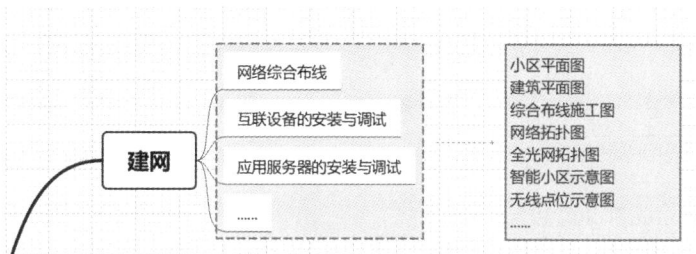

图 1-27　添加连接线

（3）重复操作，将所有对应的形状进行连接，完成思维导图，如图 1-28 所示。

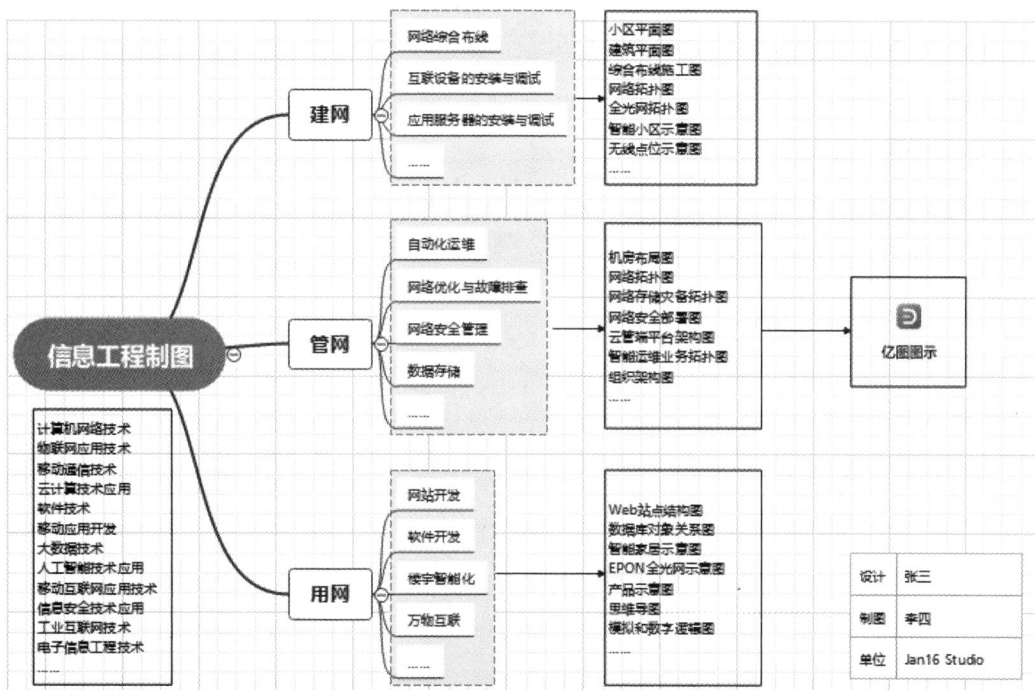

图 1-28　完成思维导图

项目实训

参考图 1-8，学习本项目的相关知识，查阅学院图书馆、网上课程平台等相关教学资源，了解常见的网络工程图纸类型并进行归纳总结，根据自己所了解的网络工程制图的相关流程绘制思维导图。

项目 2

绘制建筑平面图

【项目学习目标】

（1）掌握建筑平面图的基本概念。

（2）了解基本结构设计的类型和构造要求。

（3）掌握建筑平面图中墙体和门窗的绘制方法。

（4）掌握建筑图纸中的尺寸标注方法。

项目背景

某公司租赁了商务办公楼中的一层用于新业务的拓展办公。新办公地点的网络改造工作通过招标投标，最终由另一家公司中标，该公司负责现场网络工程的设计和施工。现需要对该场地做前期建设和装修规划，要求工程师提交场地的建筑平面图。

在本项目中，租赁方从建筑管理方获得了早期的建筑平面图，如图 2-1 所示。

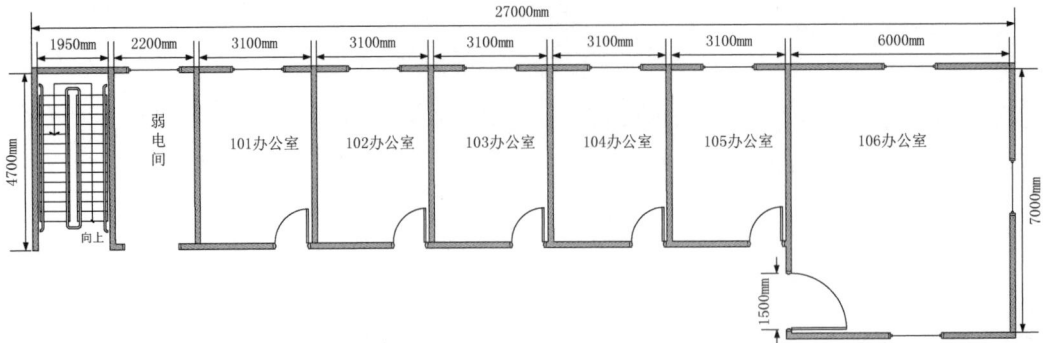

图 2-1　早期的建筑平面图

项目需求分析

建筑平面图可以通过以下四种方式进行绘制。

（1）联系建筑管理方的工作人员，向其索要与建筑物相关的电子版建筑设计图纸，并以此为基础，按照施工需求重新绘制建筑平面图。

（2）复印建筑档案中相关的建筑图纸，依据纸质版图纸中的数据自行绘制电子版图纸。

（3）通过拍摄消防安全疏散图（见图 2-2），并以该图为基础完成实地勘查，绘制电子版图纸。

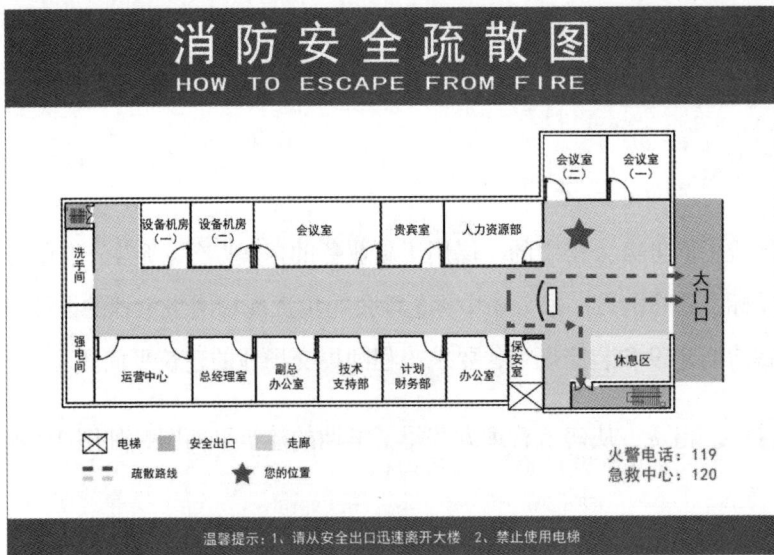

图 2-2　消防安全疏散图

（4）根据建筑物的实际情况，手工绘制草图。在绘制草图时，应尽可能详细地记录建筑物的各个区域和设备布局。完成现场勘查以后，手工绘制的建筑平面图草图，如图 2-3 所示，工程师以此为蓝本绘制电子版建筑平面图。

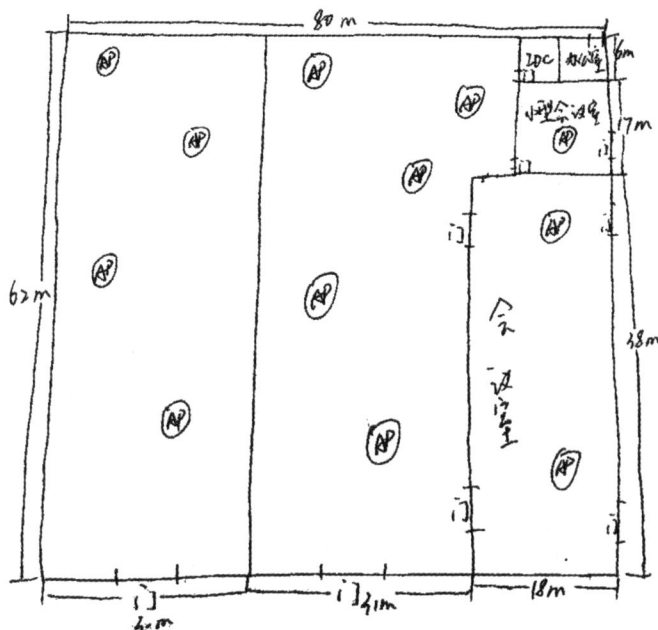

图 2-3 建筑平面图草图

绘制建筑平面图的步骤如下。

（1）配置绘图环境，设置合理的纸张大小、比例尺和图层。

（2）根据建筑设计要求和房间布局需求，绘制门窗、楼梯等。

（3）对房间、门窗、楼梯等关键部位的详细尺寸进行标注，确保尺寸信息的准确性和完整性。

相关知识

2.1 建筑平面图

建筑平面图是建筑物的水平剖面图，是设计方案的简明图解形式，用以表示建筑物、构筑物、设施、设备、装饰、家具等的相对平面位置。

平面图的基本要素如下。

1. 比例尺

比例尺用来表示图上距离与实际距离之间的比例关系，用公式表示为比例尺=图上距离/实际距离。比例尺的表示方式通常有三种：数字式，即用数字形式表示图上 1 厘米代表实际距离多少米；直线式，即在图上画一条直线，注明图上 1 厘米代表实际距离多少米；文字式，即在图上用文字直接写出 1 厘米代表实际距离多少米。比例尺是个分式，分子为 1，分母越大，比例尺越小。

2. 方向

方向在建筑学中通常表示建筑物的正面所对方向，又称朝向。通常情况下，平面图的上方为北，下方为南，左方为西，右方为东。在标注了指向标的平面图上，指向标的箭头方向即北。

3. 图例和注记

图纸上存在的形状符号均为图例，表示平面图上各种事物的符号。在图例中会重点注记不常用的图例符号，便于读者阅读和掌握图纸信息。

2.2 尺寸标注

尺寸标注用于标示建筑物的总体面积和墙体的长度、宽度，图纸上的墙体尺寸根据实地测量结果进行调整，增强图纸的可用性。亿图图示软件中的画图工具提供的尺寸标注如图 2-4 所示，常用的尺寸标注工具为水平基线和垂直基线。

（1）水平基线，在水平方向上以两个点为基准，测量两点之间的距离。

（2）垂直基线，在垂直方向上以两个点为基准，测量两点之间的距离。

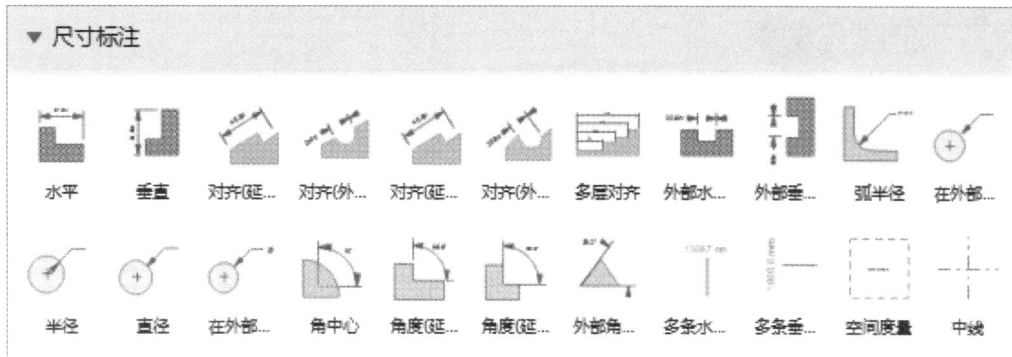

图 2-4　尺寸标注

2.3　图例

图例是指放置在平面图上的角落或侧面、对图纸的非通用符号与指标进行说明的图形符号,有助于读者更好地识别图纸上的构件、设备或材料等内容。图例在绘图时作为表示地图内容的参照物,在用图时作为必不可少的阅读指南。图例应符合完备性和一致性的原则,以某实训室强弱电布线示意图的图例为例(见图 2-5)。

图 2-5　某实训室强弱电布线示意图
的图例

(1) 图例设计的好坏,不仅关系到能否突出图纸的中心内容,而且影响成果的质量。图例要直接反映图纸的主体内容,不能与图纸内容相冲突。

(2) 图例的字体大小、长宽比例、线条粗细在同一图纸上必须使用统一的级别标准,不同的级别标准会让读者在解读图纸时产生误会。

(3) 图例的排列方式要合理,同种类型的图例应排列在一起。

(4) 图例设计要考虑实际目的和用途,兼顾所有读者的读图需求。

(5) 图例的设计组合要求简单明了。图例的符号及说明内容应使用规范符号和专业术语。图例编制的原则是合理、规范、简洁,满足实际工作的需要。

🔧 项目实施步骤

为了高效响应综合布线路由图的设计需求，工程师在接到工作任务后，便马上开始了行动。通过解析现有图纸数据，快速准确地将其转换为符合工程标准的亿图图示软件格式的建筑平面图。绘制流程图步骤如图 2-6 所示。

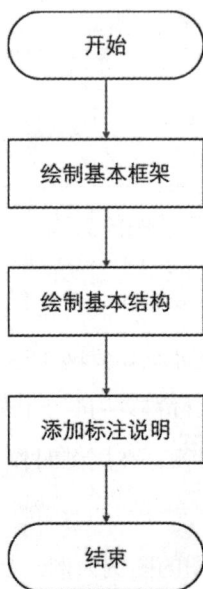

```
        ┌─────────┐
        │   开始   │
        └─────────┘
             │
     ┌───────────────┐
     │   绘制基本框架   │
     └───────────────┘
             │
     ┌───────────────┐
     │   绘制基本结构   │
     └───────────────┘
             │
     ┌───────────────┐
     │   添加标注说明   │
     └───────────────┘
             │
        ┌─────────┐
        │   结束   │
        └─────────┘
```

图 2-6 绘制流程图步骤

（1）绘制建筑平面图的基本框架（页面设置、墙体布局）。

① 页面设置：根据平面图的复杂性和细节要求，选择合适的纸张大小，并确定纸张方向（横向或纵向），以便更好地展示建筑平面。

② 墙体布局：根据建筑设计方案，绘制出建筑的墙体结构，通过墙体布局，将建筑平面划分为不同的功能区域，确保各个区域之间的分隔明确且合理。

（2）绘制建筑平面图的基本结构（门窗、建筑核心）。

① 门窗：根据建筑设计方案，在墙体上确定门窗的位置，并选择合适的类型和尺寸。

② 建筑核心：建筑中的关键区域或设施，如楼梯间、电梯井、设备房等。根据建筑设计方案，确定建筑核心的位置和功能。

（3）添加标注说明（距离标注、文本说明、图例说明）。

① 距离标注：绘制墙体后，为墙体添加尺寸度量。施工方可以根据距离标注来指导现场施工。

② 文本说明：在每个空间结构上添加相应的文字说明，有利于施工方识图。

③ 图例说明：通常在平面图的右下角添加图例说明，便于施工方了解图纸上的障碍物和特殊构造。

项目操作

任务 2-1　绘制建筑平面图的基本框架

绘制建筑平面
图的基本框架

任务规划

依据现有的建筑平面图，绘制建筑平面图基本框架，主要步骤如下。

（1）新建绘图。初始化绘图环境，创建符合项目需求的全新图纸。

（2）绘制墙体。基于建筑设计图纸，精准绘制建筑的外墙与内墙结构，奠定建筑平面图的基础框架。

任务实施

1．新建绘图

打开亿图图示软件，单击"新建空白绘图"按钮，在"设计"选项卡的"页面设置"组中单击右下角的按钮，弹出"页面设置"对话框。之后选中"预设页面大小"单选按钮，选择"A4 sheet，210 毫米×297 毫米"选项，并选择"页面方向"为"横向"，选择"页面缩放比例"下拉列表中的"1∶100"选项，单击"确定"按钮完成操作，如图 2-7 所示。在"设计"选项卡的"页面设置"组中选择"单位"为"厘米"，如图 2-8 所示。

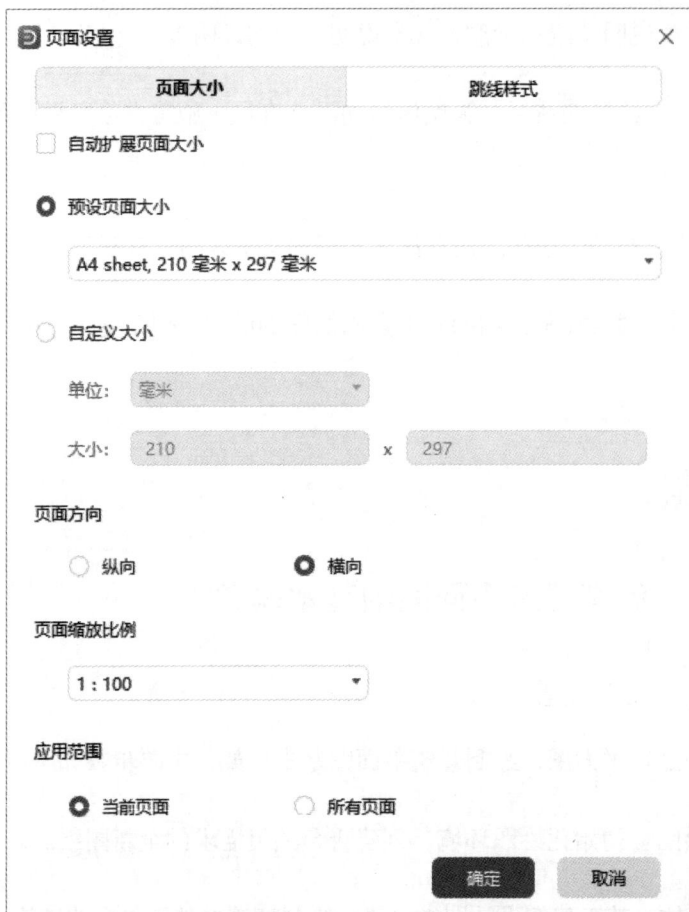

图 2-7　页面设置

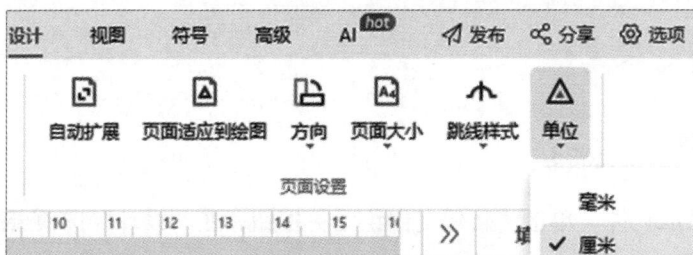

图 2-8　设置单位

2. 绘制墙体

（1）选择"更多符号"→"房屋平面图"→"房屋平面图"→"墙，框架和结构"选项，将"墙，框架和结构"添加到"符号库"中，如图 2-9 所示。

图 2-9　在"符号库"中添加"墙，框架和结构"

（2）选中"墙"符号，按住鼠标左键不放，拖曳"墙"符号到绘图区域中，如图 2-10 所示。

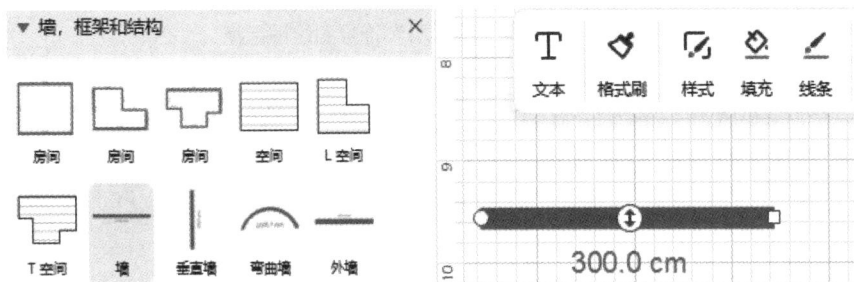

图 2-10　拖曳"墙"符号到绘图区域

（3）双击绘图区域的"墙"符号，输入"2685.0cm"，便可以将"墙"的长度调整为"2685.0cm"，如图 2-11 所示。

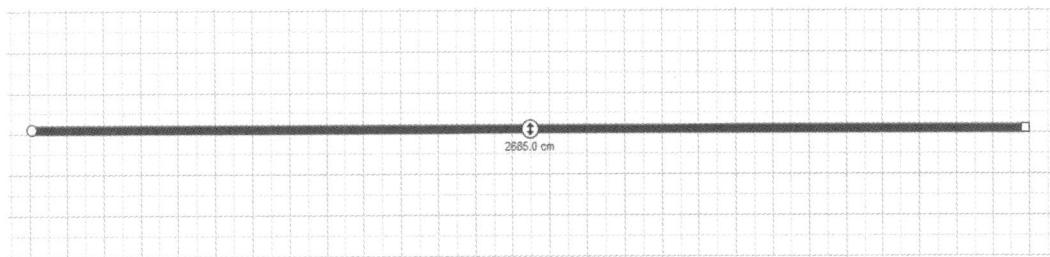

图 2-11　调整"墙"的长度

（4）拖曳"垂直墙"符号到绘图区域中，将其长度调整为"492.5cm"，如图 2-12 所示。

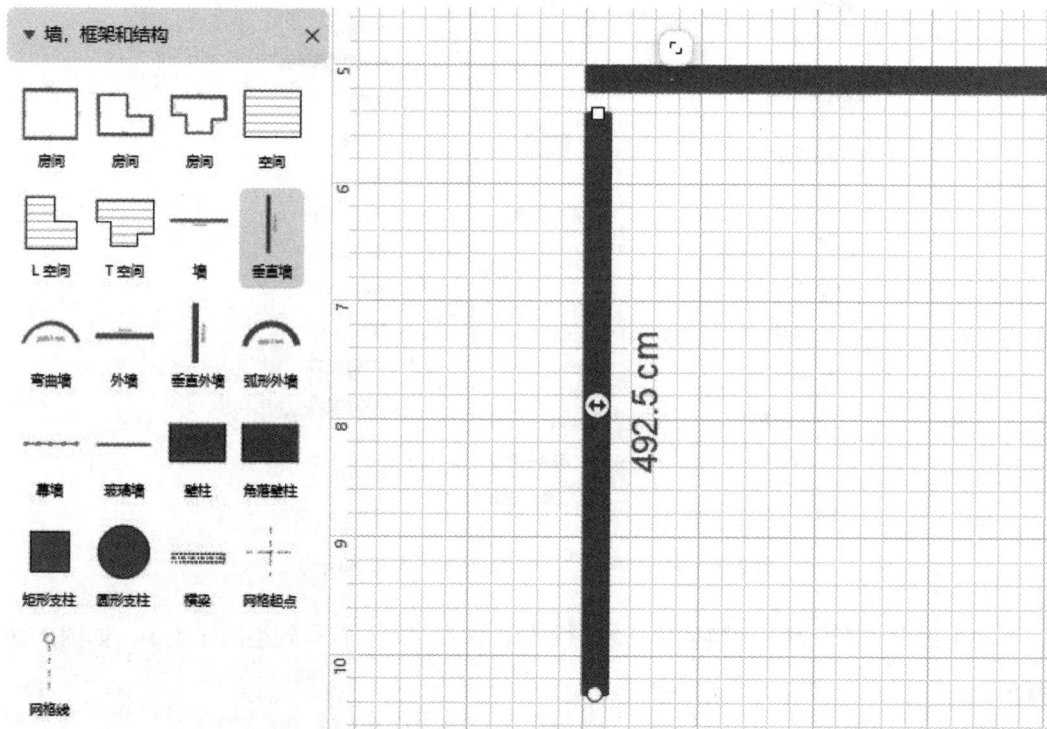

图 2-12　拖曳"垂直墙"符号到绘图区域

（5）拖曳"垂直墙"符号，当"垂直墙"符号的移动端点与"水平墙"符号的移动端点重合时松开鼠标，如图 2-13 所示。

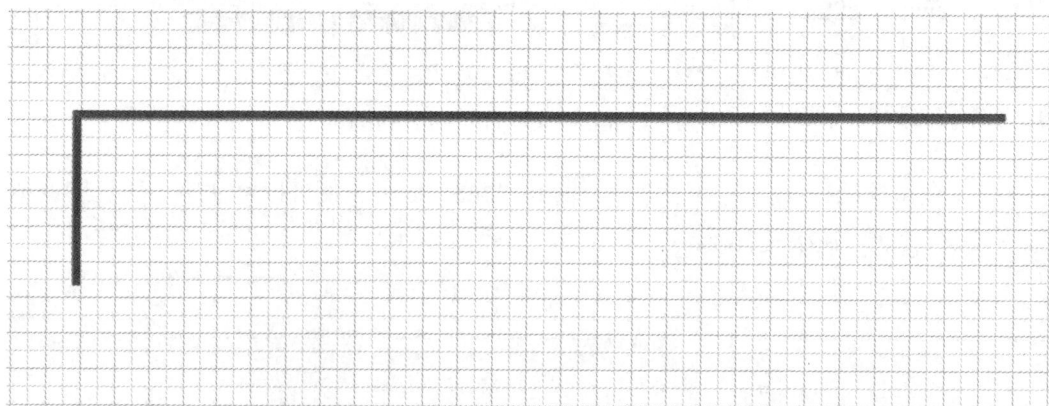

图 2-13　"垂直墙"符号与"水平墙"符号在端点处重合

（6）重复以上步骤，一一添加墙体，每个区域的宽度从左到右依次为"195cm、220cm、310cm、310cm、310cm、310cm、310cm、600cm"，长度从左到右依次为"492.5cm、485cm、

485cm、485cm、485cm、485cm、485cm、685cm",如图 2-14 所示。

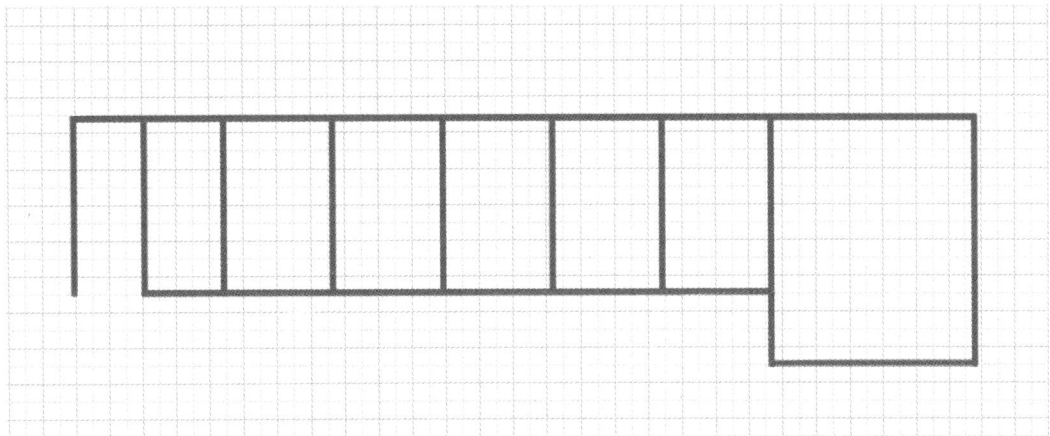

图 2-14 完成所有墙体的绘制

任务 2-2 添加门、窗和楼梯

添加门、窗和
楼梯的设计

任务规划

依据现有的建筑平面图资料,使用亿图图示软件添加图纸中的墙体、门、窗、楼梯等空间构件,完成建筑平面图的绘制。主要任务如下。

依据准确的平面图数据,绘制门、窗和楼梯,确保它们的位置准确、尺寸合规、类型清晰。

任务实施

(1)选择"更多符号"→"房屋平面图"→"房屋平面图"→"窗户和门"选项,将"窗户和门"添加到"符号库"中,如图 2-15 所示。

(2)选中"门"符号,按住鼠标左键不放,将"门"符号放置在左侧第三个区域的右下角,如图 2-16 所示。

(3)重复以上操作,添加所有"门"符号。将最右侧区域"门"的长度调整为"150cm",其他"门"的长度统一设置为"100cm",如图 2-17 所示。

图 2-15　在"符号库"中添加"窗户和门"

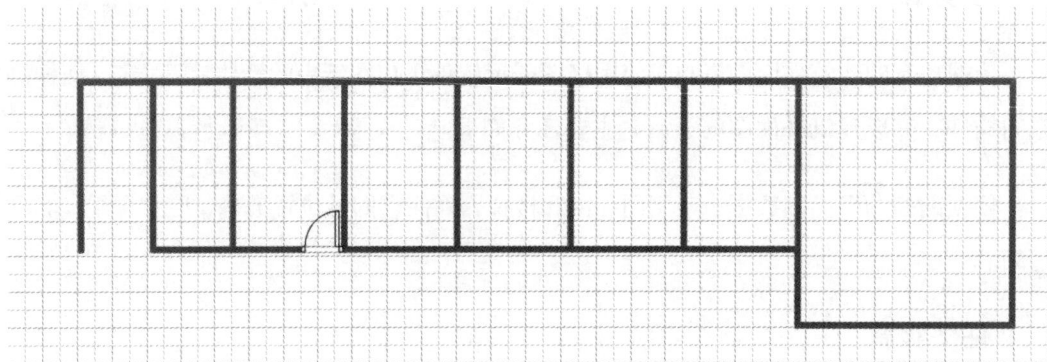

图 2-16　拖曳"门"符号到绘图窗口

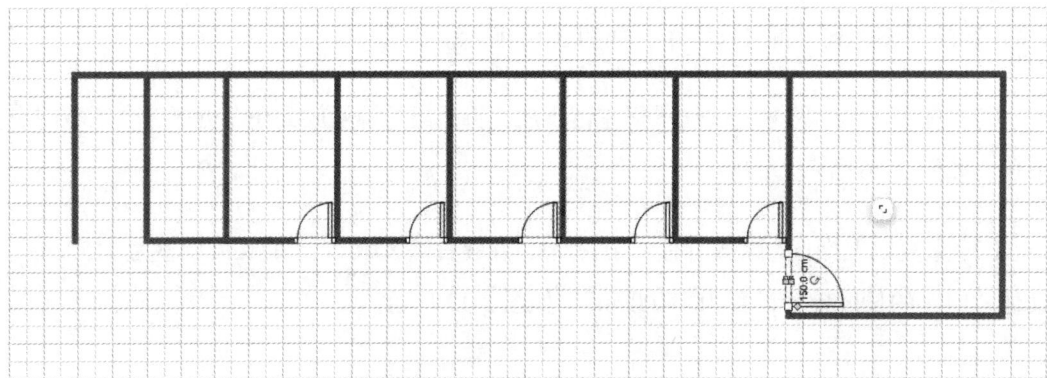

图 2-17　完成所有"门"符号的绘制

（4）拖曳"敞开"符号作为门口，放置在左侧第二个区域下沿，调整其长度为"100cm"，如图 2-18 所示。

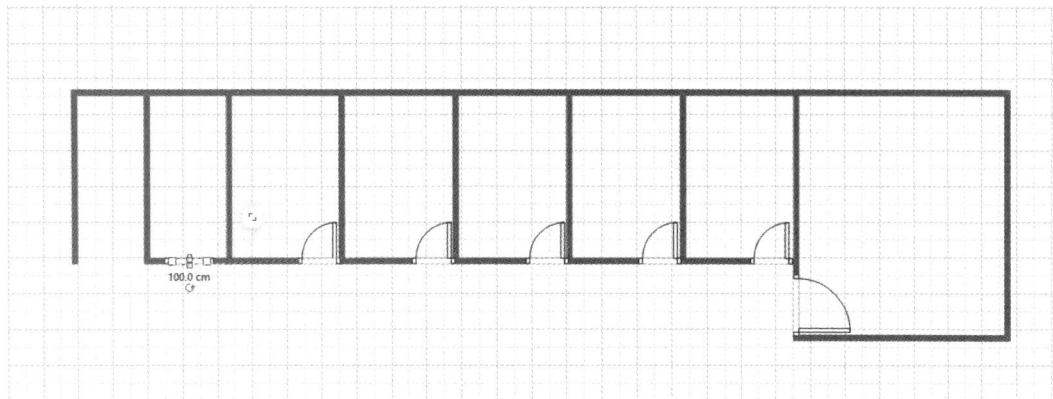

图 2-18　拖曳"敞开"符号到绘图区域

（5）拖曳"窗户"符号到绘图区域，并将其粘贴到墙体上，如图 2-19 所示。

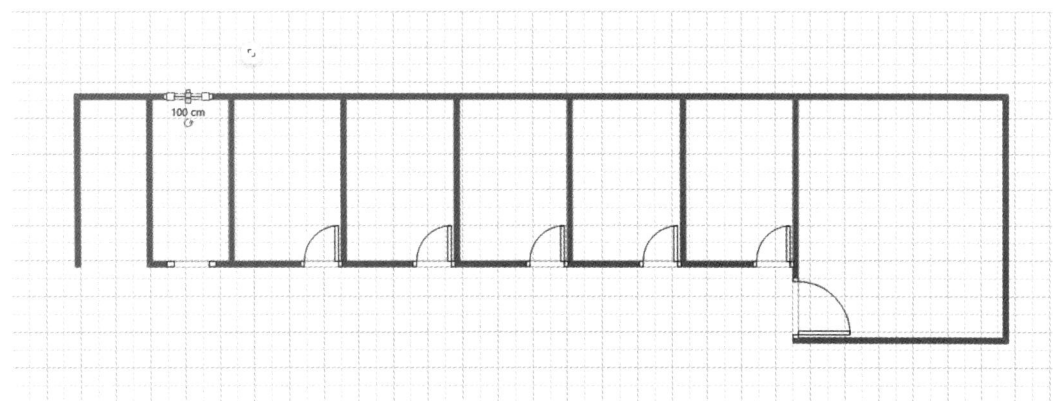

图 2-19　拖曳"窗户"符号到绘图区域

（6）重复以上操作，添加所有"窗户"符号。将左侧第二个区域"窗户"的长度调整为"100cm"，其他"窗户"的长度统一设置为"150cm"，如图 2-20 所示。

（7）选择"更多符号"→"房屋平面图"→"房屋平面图"→"建筑物核心"选项，将"建筑物核心"添加到"符号库"中，如图 2-21 所示。

（8）拖曳"剪式楼梯"符号到绘图区域，放置到左侧第一个区域，粘贴在墙上并调整大小，如图 2-22 所示。

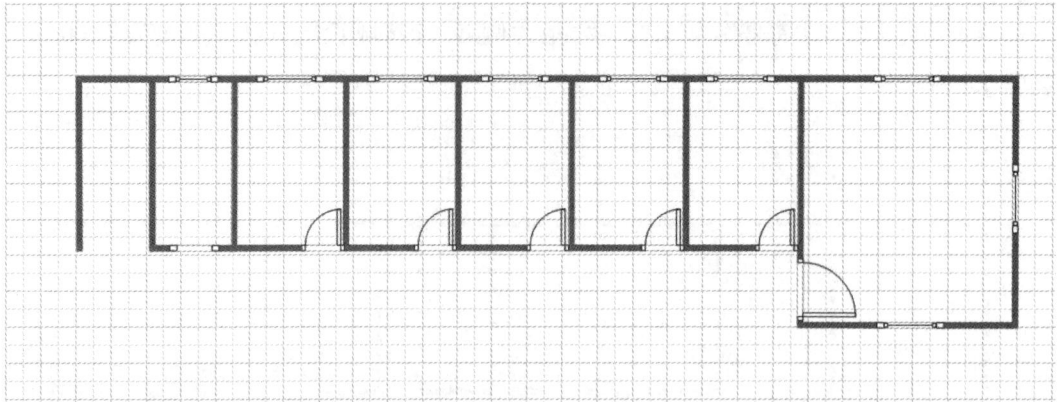

图 2-20　完成所有"窗户"符号的绘制

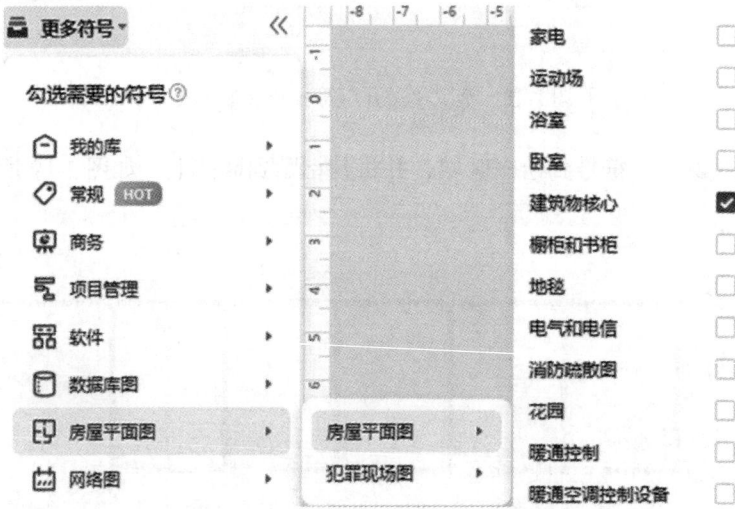

图 2-21　在"符号库"中添加"建筑物核心"

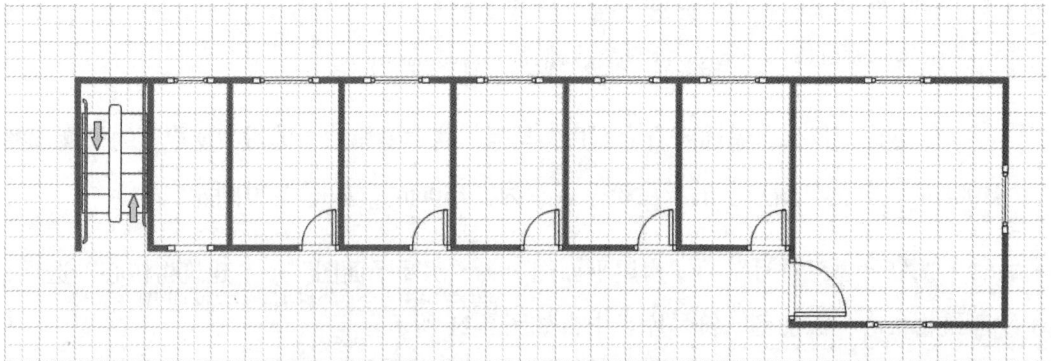

图 2-22　拖曳"剪式楼梯"符号到绘图区域

任务 2-3 添加尺寸标注与说明

任务规划

使用水平基线与垂直基线标注建筑平面图的尺寸，并说明每个区域的
名称和图例。本任务的实施步骤如下。

添加尺寸标注
与说明

（1）距离标注。精确测量并标注建筑平面图中的重要距离。

（2）文本说明。通过添加必要的文本说明，对建筑平面图中的特定区域、元素或设计
意图进行清晰阐述。

（3）图例说明。编制详尽的图例，对建筑平面图中使用的各种符号、线条等图形元素
进行统一解释和说明。

任务实施

1. 距离标注

（1）选择"更多符号"→"房屋平面图"→"房屋平面图"→"尺寸标注"选项，将
"尺寸标注"添加到"符号库"中，如图 2-23 所示。

图 2-23 在"符号库"中添加"尺寸标注"

（2）拖曳"水平基线"符号到绘图区域，将其一端与最左侧墙体的内侧重合，另一端与最右侧墙体的内侧重合，如图 2-24 所示。

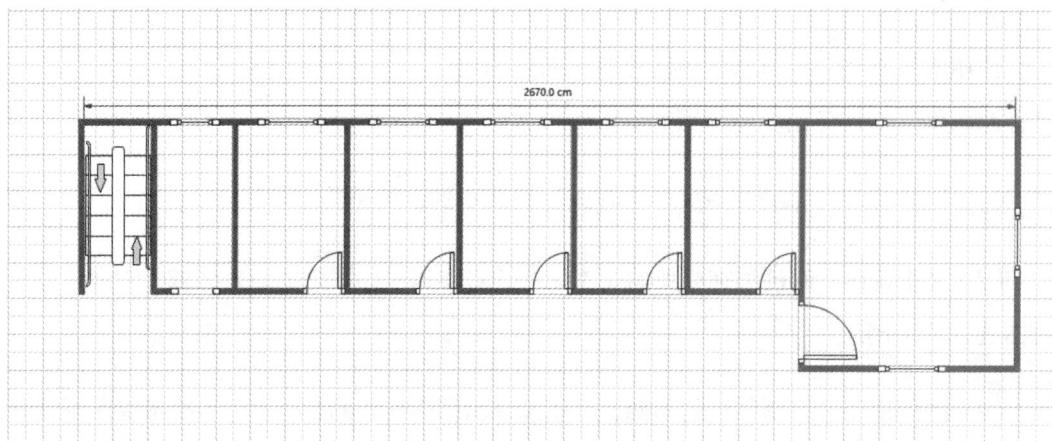

图 2-24 拖曳"水平基线"符号到绘图区域

（3）重复以上操作，对图纸上的距离和建筑物尺寸进行标注，如图 2-25 所示。

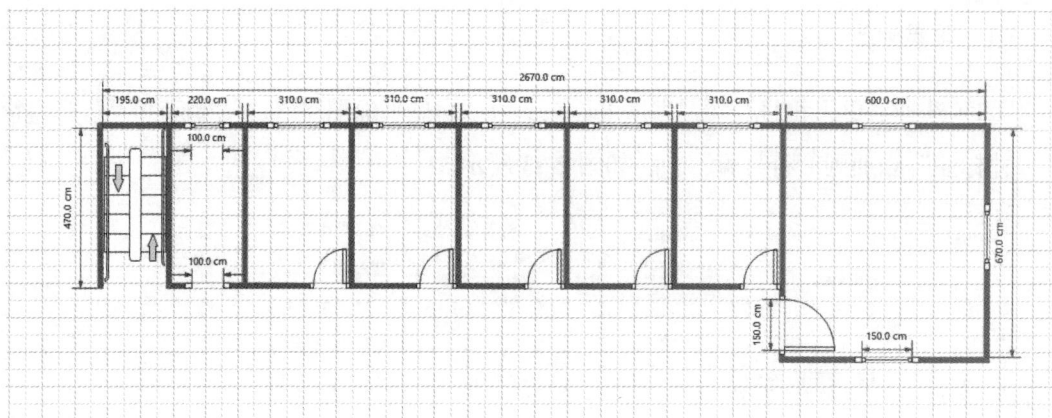

图 2-25 完成尺寸标注

2. 文本说明

（1）双击左侧第二个区域内的空白处，即可输入文本"弱电间"，如图 2-26 所示。

（2）重复以上操作，添加所有区域对应的文本说明，如图 2-27 所示。

3. 图例说明

复制"门""窗""敞开"符号到绘图区域的右下角，写入文字说明并添加比例尺，编制图例,如图 2-28 所示。

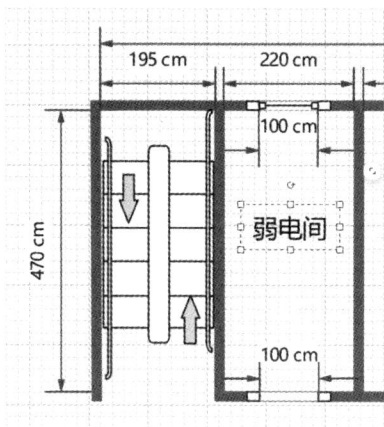

图 2-26 输入文本"弱电间"

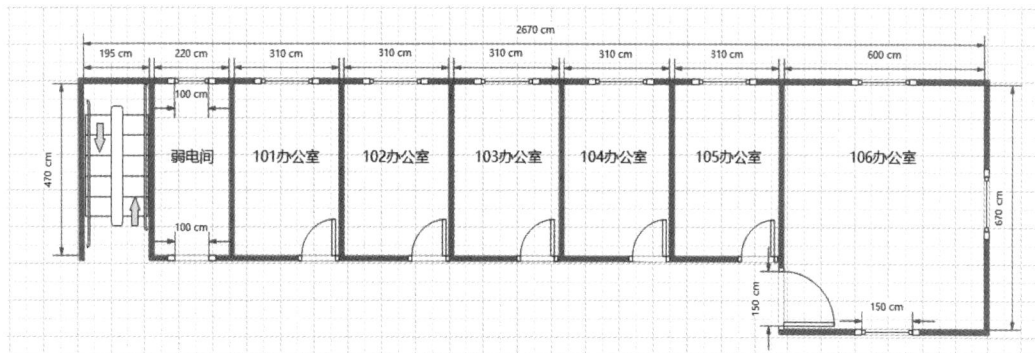

图 2-27 完成文本说明

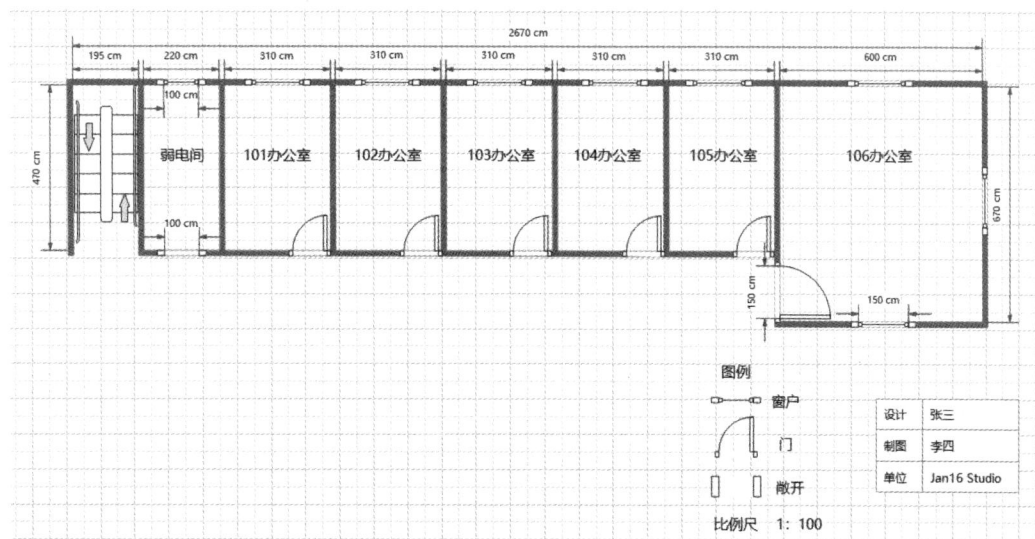

图 2-28 添加图例

项目实训

依据图 2-29 中提供的信息绘制建筑平面图。

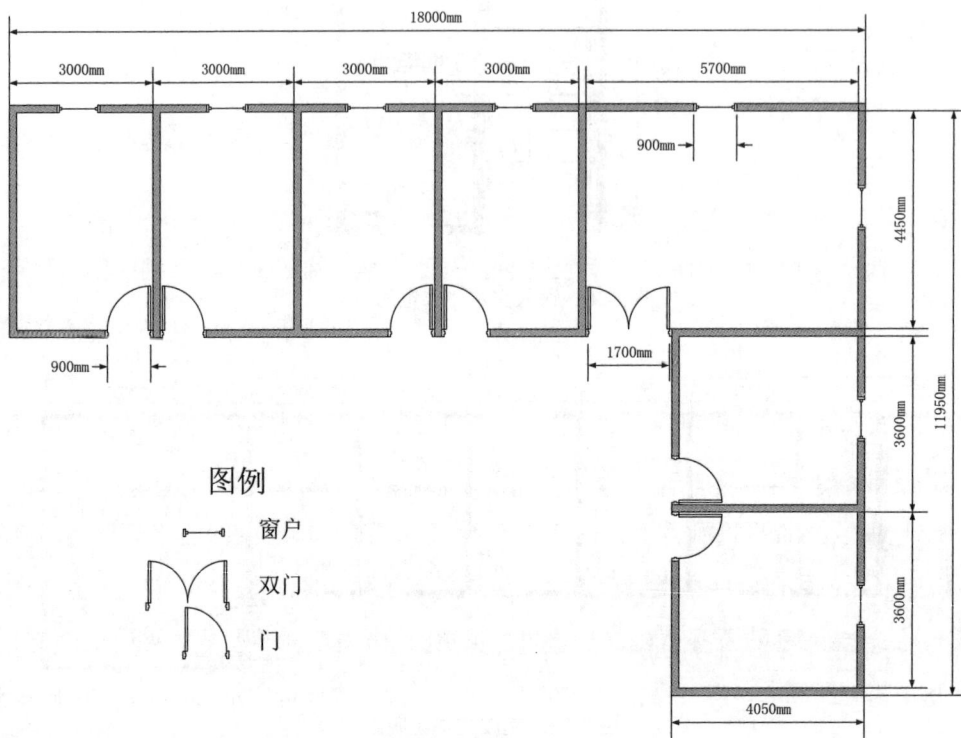

图 2-29　项目实训——建筑平面图

项目 3

绘制数据中心机房平面布局图

【项目学习目标】

（1）学习并了解数据中心机房的基本构成。

（2）了解并掌握尺寸标注的原则和技巧。

（3）掌握创建和插入图例的方法。

项目背景

某校办公楼的其中一层被设置为数据中心机房，学校打算对数据中心机房的网络部署进行改造，以提升机房的网络性能，满足学校信息化建设的需要。为此，学校邀请了专业的供应商参与改造工程，共同设计综合布线改造方案。

供应商从校方获得了数据中心机房的早期建筑立体示意图，如图 3-1 所示。

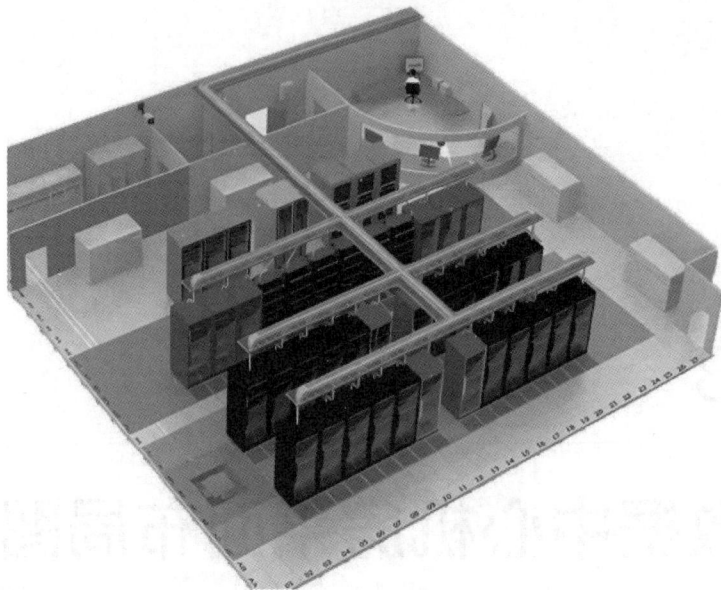

图 3-1　数据中心机房的早期建筑立体示意图

项目需求分析

数据中心机房平面布局图可以通过以下四种方式进行绘制。

（1）联系建筑管理方的工作人员，向其索要与数据中心机房相关的电子版建筑设计图纸，并以此为基础，按照设计方案重新绘制电子版图纸，包括水平布线图、设备摆放位置、散热系统等。

（2）复印建筑档案中与数据中心机房相关的建筑图纸，依据纸质版图纸中的数据自行增补综合布线工程内容，如网络线路、电源线路等，绘制电子版图纸。

（3）通过拍摄数据中心机房的消防安全疏散图，并以该图为基础完成实地勘查，绘制电子版图纸。

（4）根据建筑物的实际情况，手工绘制草图。在绘制草图时，应尽可能详细地记录数据中心机房的各个区域和设备布局。在完成实地勘查以后，手工绘制草图，工程师以该草图为蓝本绘制电子版图纸。

因此，本项目需要绘制的数据中心机房平面布局图涉及以下工作步骤。

（1）根据设备尺寸和散热要求，合理规划设备在数据中心机房内的布局，确保室内气流顺畅、空间利用率高。

（2）使用绘图软件的尺寸标注工具，对数据中心机房内部和外部的各个区域进行尺寸标注，包括房间大小、走廊宽度、设备间距等。

（3）针对重要设备编写详细的说明文字，并根据图纸中的符号和标记创建对应的图例，便于读者阅读识别。

相关知识

3.1 数据中心机房

数据中心机房作为现代信息技术基础设施的核心载体，承担着集中处理、存储和传输大量数据的关键任务。它是一个安全、可靠、高效的物理环境，内部放置了计算机服务器、存储设备、网络设备和配套的辅助设施，确保数字信息的存储、处理和传输任务能够高效无误地进行。数据中心机房拥有大量的存储设备，用于存储结构化数据与非结构化数据，同时借助高性能的服务器执行复杂的数据分析任务和云计算任务。其网络连接高速稳定，确保能够迅速准确地完成数据传输任务。

具体而言，数据中心机房的布局设计包括确定主机房、辅助区、支持区和行政管理区的位置和大小，以及合理摆放服务器、网络设备、存储设备等电子设备。在规划设计中，需要充分考虑设备的散热问题，避免设备过热导致性能下降和出现故障。同时，还要合理规划线缆的走向和布置，避免线缆标识不清和交叉干扰的情况出现。此外，数据中心机房布局还需要兼顾冗余设计和可扩展性。冗余设计包括电力供应、网络连接、冷却系统等方面的备份功能和容错性能，以确保在出现故障时能够迅速恢复运行。可扩展性是指数据中心机房的布局能够适应未来业务增长和设备扩展的需求，避免因布局不合理而限制数据中心机房的升级换代。

随着技术的不断进步，数据中心机房朝着绿色、节能、高效和智能的方向前进。通过采用先进的冷却技术和人工智能技术，不断提高数据中心机房的可靠性和运行效率。

3.2 数据中心机房的设备

数据中心机房的设备构成了整个信息系统的核心，这些设备负责数据的存储、处理、传输和管理。以下是数据中心机房设备的简介。

1. 服务器

服务器是数据中心机房的核心设备之一，用于存储、处理和传输数据。根据功能和应用场景的不同，服务器可分为 Web 服务器、数据库服务器、应用服务器等类型。服务器通常配备高性能的中央处理器、大容量内存和存储设备，以确保数据的高效处理和存储。

2. 存储设备

存储设备用于存放数据，包括硬盘、磁盘阵列（Redundant Arrays of Independent Disks，RAID）、磁带库、固态硬盘（Solid State Disk，SSD）和分布式存储系统等。它们为数据中心提供了可靠的数据存储解决方案，确保数据的完整性和可恢复性。

3. 网络设备

网络设备是数据中心机房中不可或缺的组成部分，包括交换机、路由器、防火墙、负载均衡器等。这些设备负责数据的传输、路由和安全管理，确保网络的高效性、稳定性和安全性。

4. 冷却系统

数据中心机房通常配备精密的冷却系统，如计算机房专用精密空调、制冷机组等。这些系统能够确保机房设备在适宜的温度和湿度环境下运行，以防设备过热而发生故障。

5. 不间断电源和发电机

不间断电源（Uninterrupted Power Supply，UPS）为数据中心机房提供稳定的电力供应，确保在出现电力故障时能够为设备持续供电。发电机则作为备用电源，在 UPS 电量耗尽或长时间停电时为设备供电。

项目实施步骤

在建筑平面图基础上，根据数据中心机房平面布局图的要求，增补各种影响布线施工的环境元素，完成平面布局图的制作。绘制数据中心机房平面布局图的主要步骤如下。

（1）根据数据中心机房的需求，添加合适的设备（办公室、机房设备）。

（2）使用尺寸标注工具，对各个区域的设备进行尺寸标注（距离标注）。

（3）添加标注说明（文本说明、图例说明）。

数据中心机房平面布局图绘制流程如图 3-2 所示。

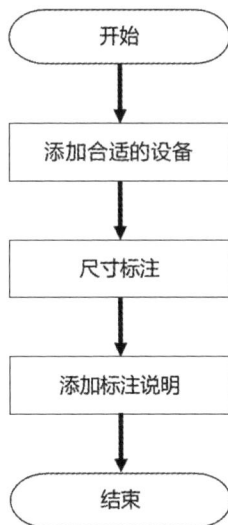

图 3-2　数据中心机房平面布局图绘制流程

项目操作

任务 3-1　添加数据中心设备

任务规划

添加数据中心设备及办公室设备

在建筑平面图基础上，根据数据中心机房平面布局图的要求添加数据中心设备。主要步骤如下。

（1）添加办公室设备，根据规划布局，选择适当的设备符号，如办公桌、椅子、文件柜等。

（2）添加机房设备，针对机房特有的设备（如服务器、交换机、UPS 等），绘制或选择相应的符号，按照规划精确放置。

任务实施

1. 添加办公室设备

（1）绘制数据中心机房的平面布局图，如图 3-3 所示。

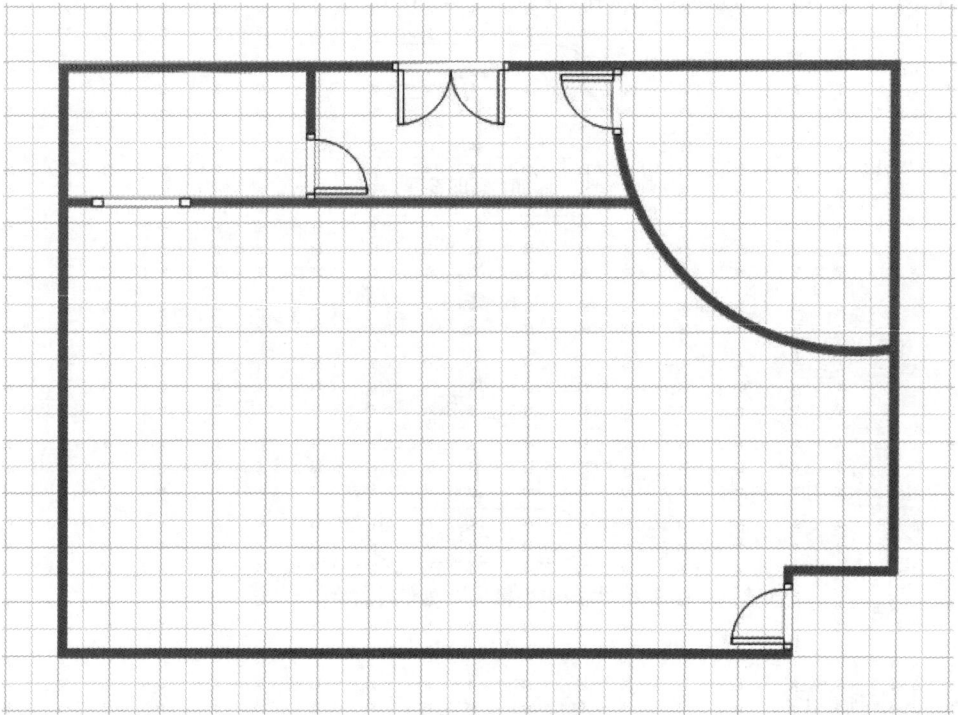

图 3-3　数据中心机房的平面布局图

（2）选择"更多符号"→"房屋平面图"→"房屋平面图"→"办公室设备""办公室家具""桌子和椅子"选项，将这三组符号添加到"符号库"中，如图 3-4 所示。

（3）拖曳"符号库"中"办公室家具"选项中的"L 型工作台"符号（作为办公桌）到绘图区域，放置到图上指定位置并调整大小，如图 3-5 所示。

图 3-4　在"符号库"中添加三组符号

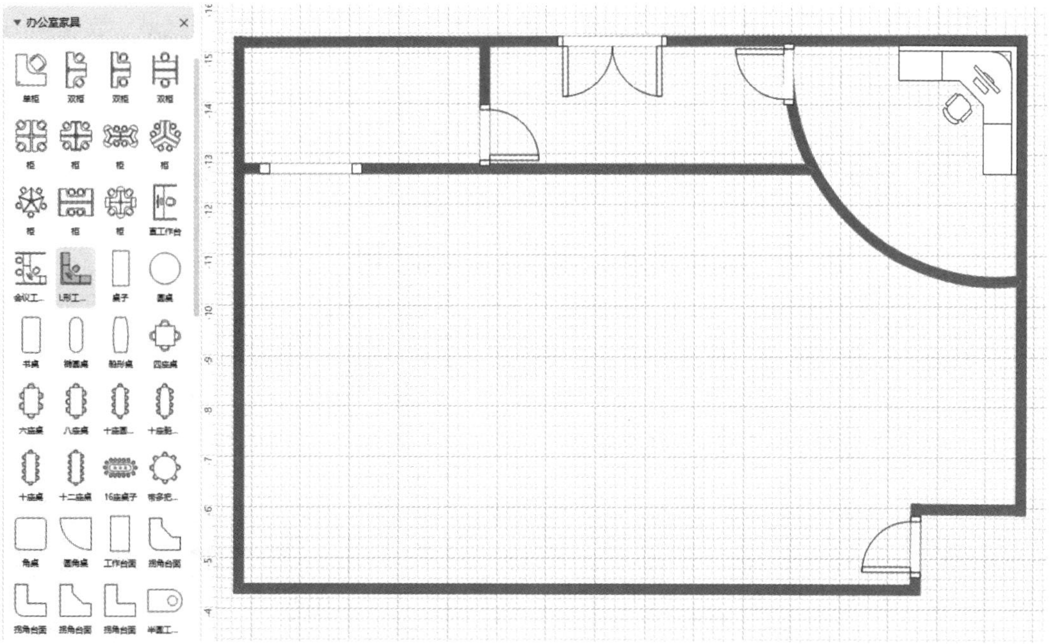

图 3-5　拖曳"L 型工作台"符号到绘图区域

（4）拖曳"符号库"中"桌子和椅子"选项中的"半圆桌"符号（作为办公桌）到绘图区域，放置到图上指定位置并调整大小，如图 3-6 所示。

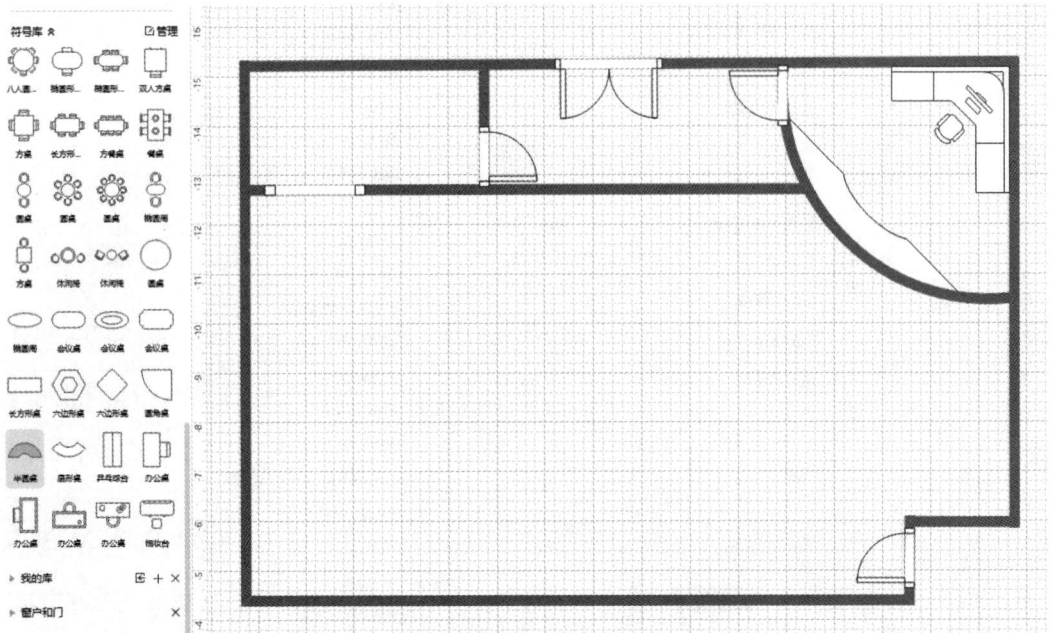

图 3-6　拖曳"半圆桌"到绘图区域

（5）拖曳"符号库"中"桌子和椅子"选项中的"椅子"符号（椅子款式众多，以图 3-7 展示的样式为准）和"办公室设备"中的"PC 显示器"符号到绘图区域，放置到图上指定位置并调整大小，如图 3-7 所示。

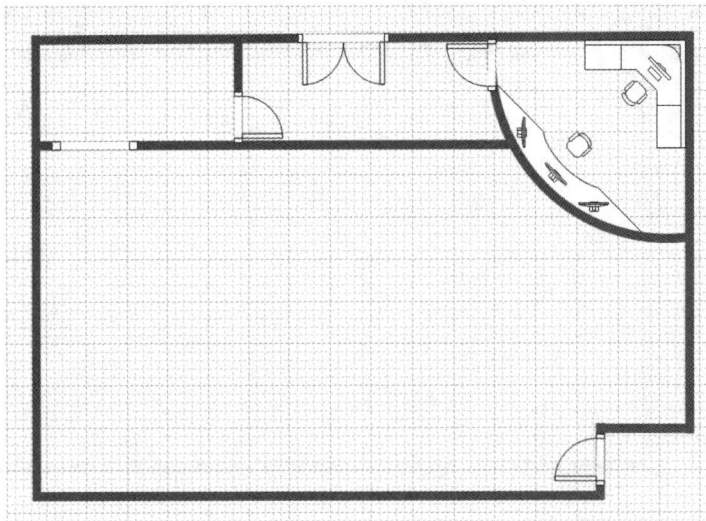

图 3-7　拖曳"椅子"符号和"PC 显示器"符号到绘图区域

2. 添加机房设备

因为不间断电源（UPS）、机房消防设备（CRAC）、磁盘柜和机柜在"符号库"中无法找到完全匹配的符号来完成图纸，所以本节设计使用"长方形"+"文本"的方式在图纸上自行绘制这四种机房设备符号。

（1）选择"更多符号"→"常规"→"常用基本符号"→"基本绘图形状"选项，将"基本绘图形状"添加到"符号库"中，如图 3-8 所示。

图 3-8　在"符号库"中添加"基本绘图形状"

（2）拖曳"长方形"符号到绘图区域，并调整宽度为 1.5cm，高度为 0.6cm，作为"UPS"和"CRAC"符号，如图 3-9 所示。

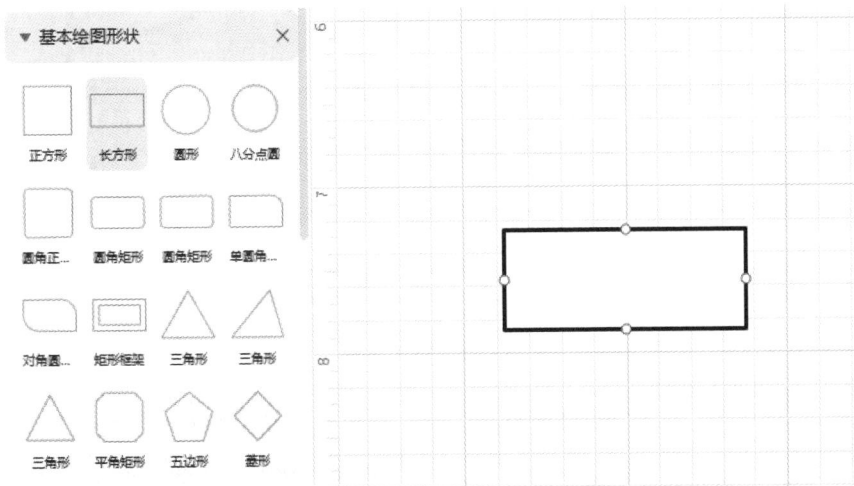

图 3-9　拖曳"长方形"符号到绘图区域

（3）重复 5 次以上操作，将它们放到图中指定位置并调整大小，如图 3-10 所示。

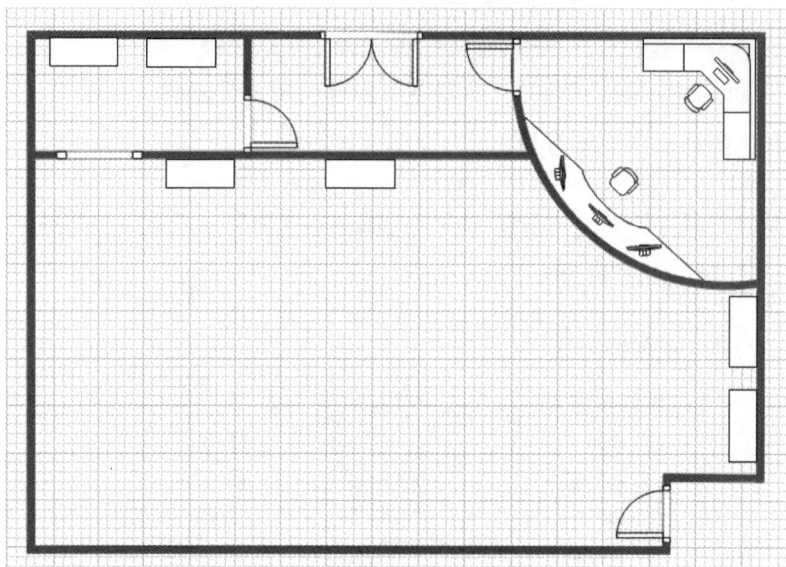

图 3-10　添加"UPS"和"CRAC"符号

（4）分别双击 6 个长方形，输入相应的文本内容，如图 3-11 所示。

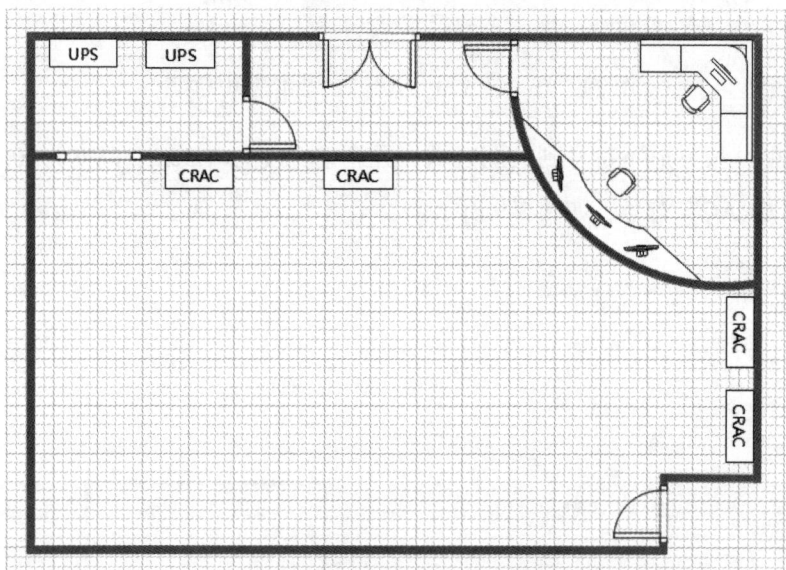

图 3-11　输入文本

（5）拖曳 4 个"长方形"符号到绘图区域，并将宽度统一调整为 0.7cm，高度从上到下依次为 0.43cm、0.45cm、0.6cm、0.8cm，分别作为"磁盘柜"符号和不同尺寸的"机柜"符号，如图 3-12 所示。

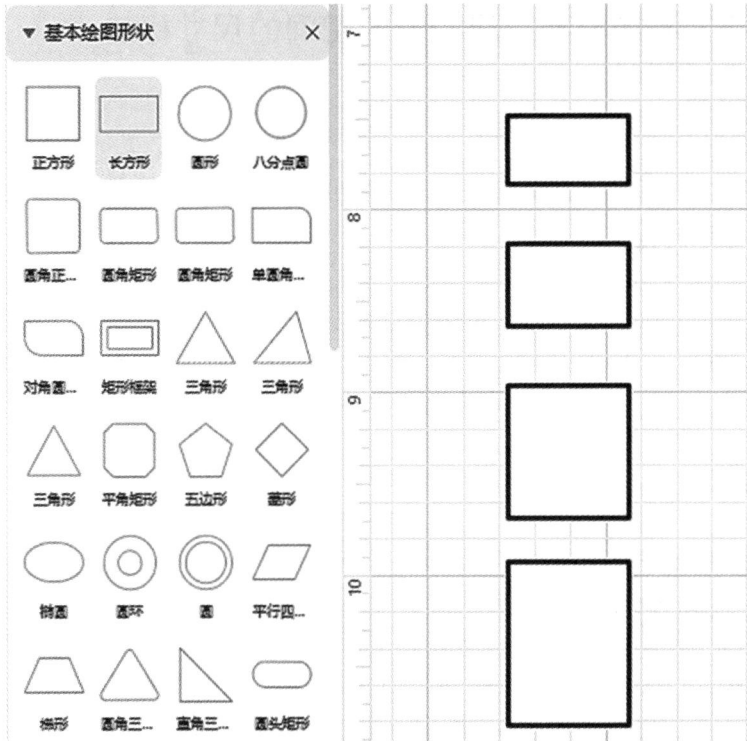

图 3-12　拖曳"磁盘柜"符号和"机柜"符号到绘图区域

（6）重复以上步骤，添加所有"磁盘柜"符号和"机柜"符号，并将颜色均填充为深灰色，如图 3-13 所示。

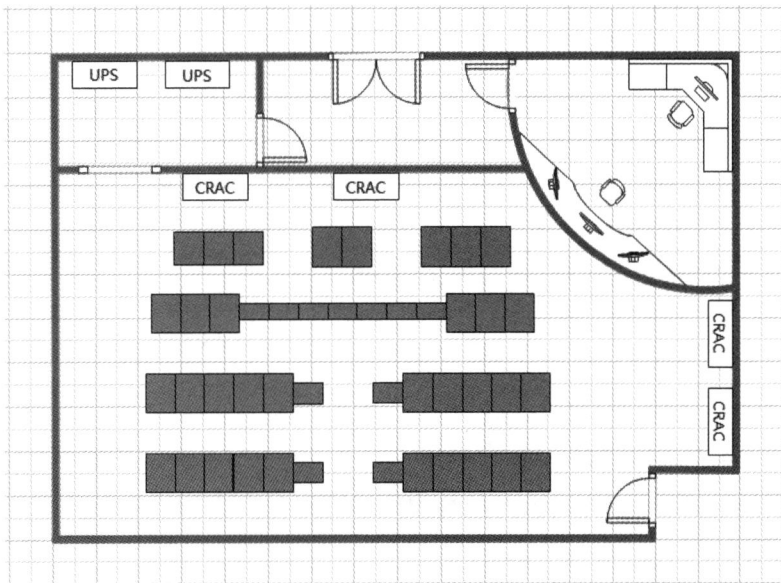

图 3-13　添加所有"磁盘柜"符号和"机柜"符号

任务 3-2　添加内部空间和外部空间的尺寸标注

内外部空间的
尺寸标注

任务规划

使用水平基线和垂直基线对数据中心机房的内部空间和外部空间进行尺寸标注，主要步骤如下。

（1）对数据中心机房的内部空间和外部空间进行尺寸标注。

（2）复核尺寸标注的准确性和一致性，确保所有标注均符合设计要求。

任务实施

（1）选择"更多符号"→"房屋平面图"→"房屋平面图"→"尺寸标注"选项，将"尺寸标注"添加到"符号库"中，如图 3-14 所示。

图 3-14　在"符号库"中添加"尺寸标注"

（2）拖曳"垂直"基线符号标注左侧第一个"CRAC"符号与"机柜"符号之间的距离，如图 3-15 所示。

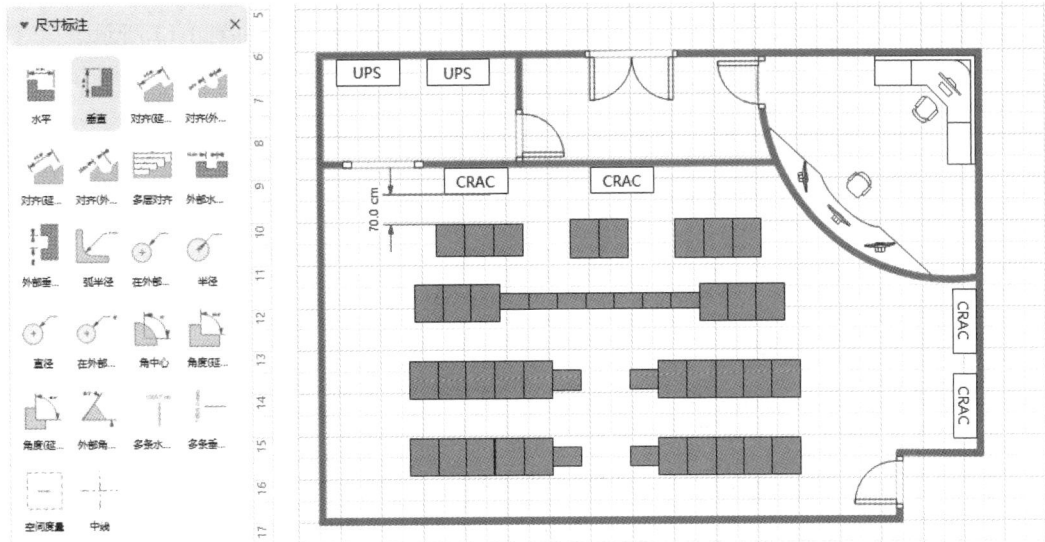

图 3-15　拖曳"垂直"基线符号并进行标注

（3）重复以上操作，标注所有内部空间的"机柜"与"机柜"符号、"机柜"与"墙体"符号之间的距离，以及"门"和"窗户"符号的尺寸，如图 3-16 所示。

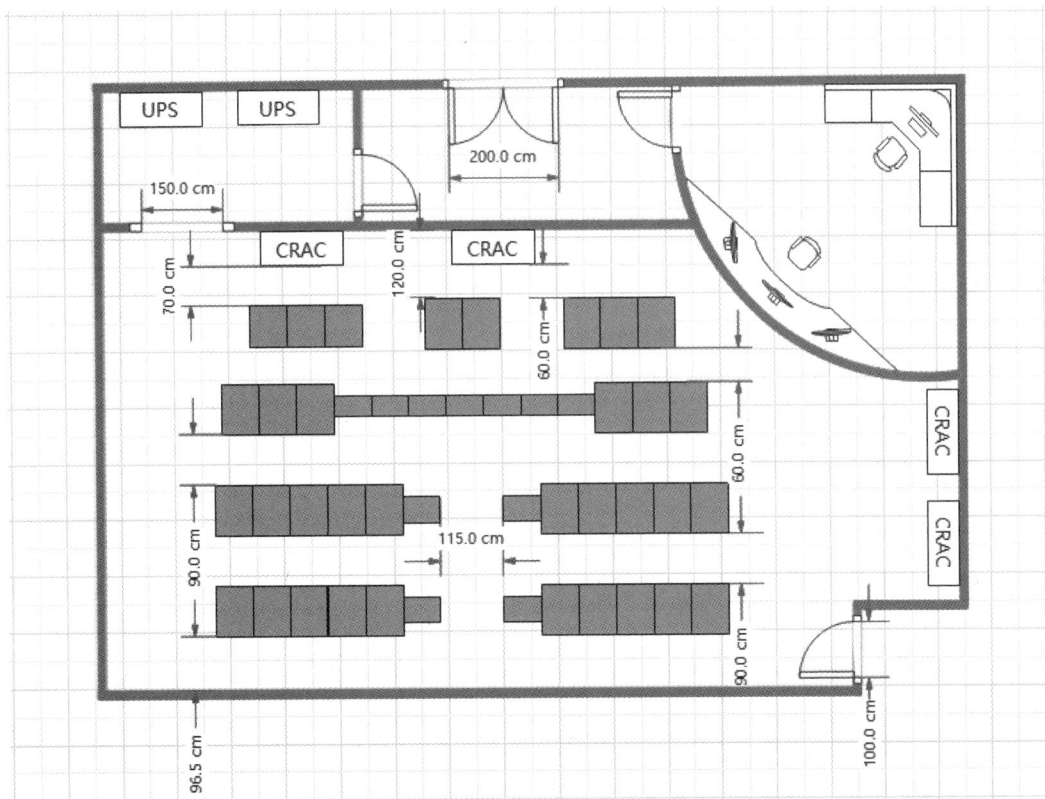

图 3-16　完成内部空间的尺寸标注

（4）重复以上操作，标注所有数据中心机房外部空间的尺寸，如图 3-17 所示。

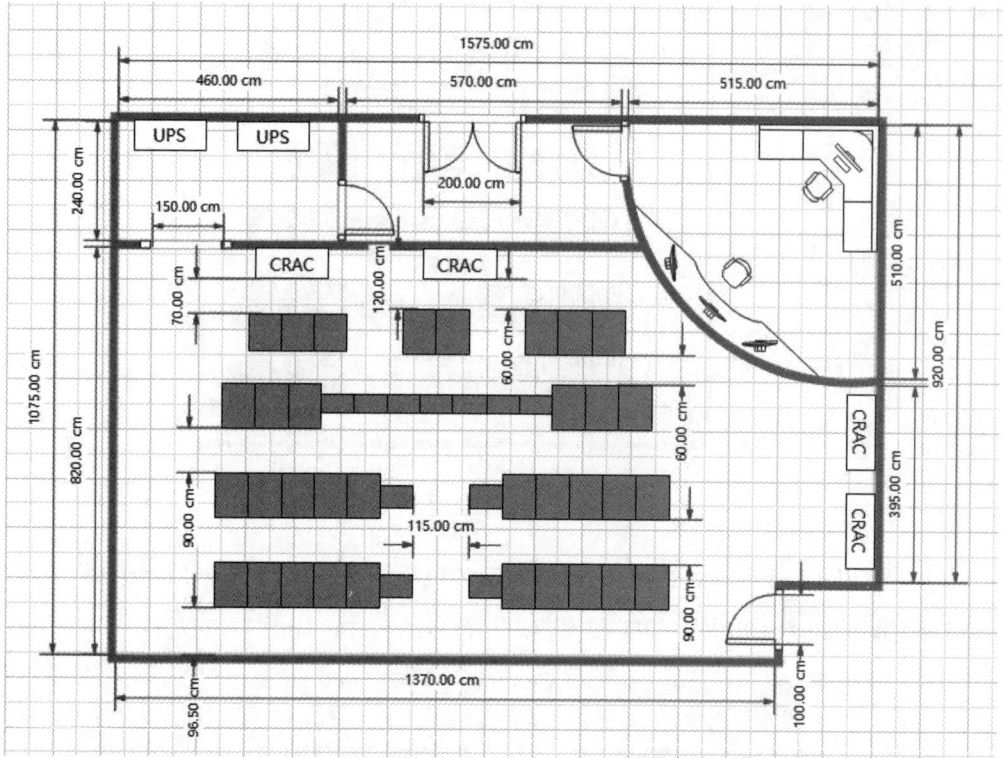

图 3-17　完成外部空间的尺寸标注

任务 3-3　添加设备说明与图例

任务规划

对数据中心机房中的设备进行文字说明和图例注释。

添加设备说明
与图例

任务实施

（1）在"开始"选项卡的"工具"组中单击"文本"按钮，如图 3-18 所示，在左上方的第一处"机柜"符号下进行文字说明，如图 3-19 所示。

（2）重复以上操作，对所有的机房设备进行文字说明，如图 3-20 所示。

（3）复制机房常见设备符号，并将其放置于平面图右边，调整大小做好标识并添加比例尺，编制图例，如图 3-21 所示。

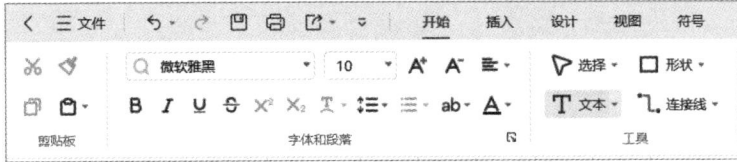

图 3-18 "文本"工具

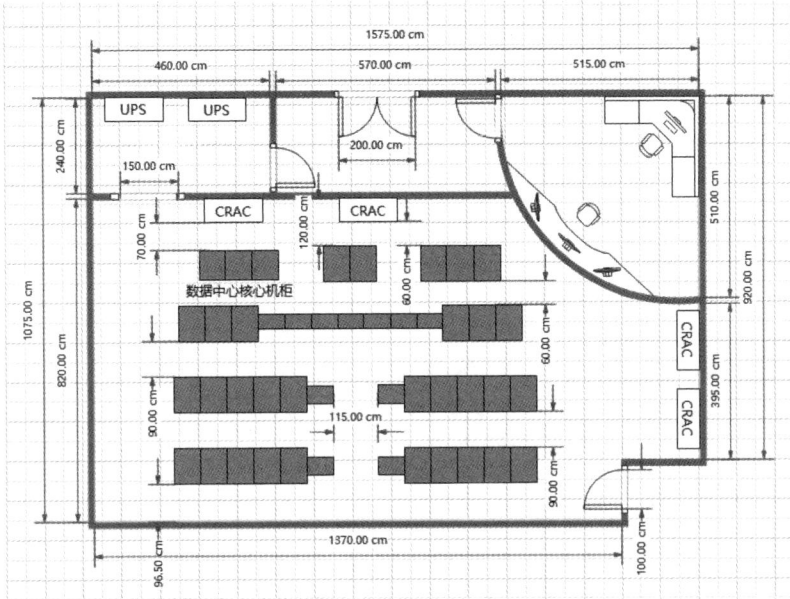

图 3-19 文字说明

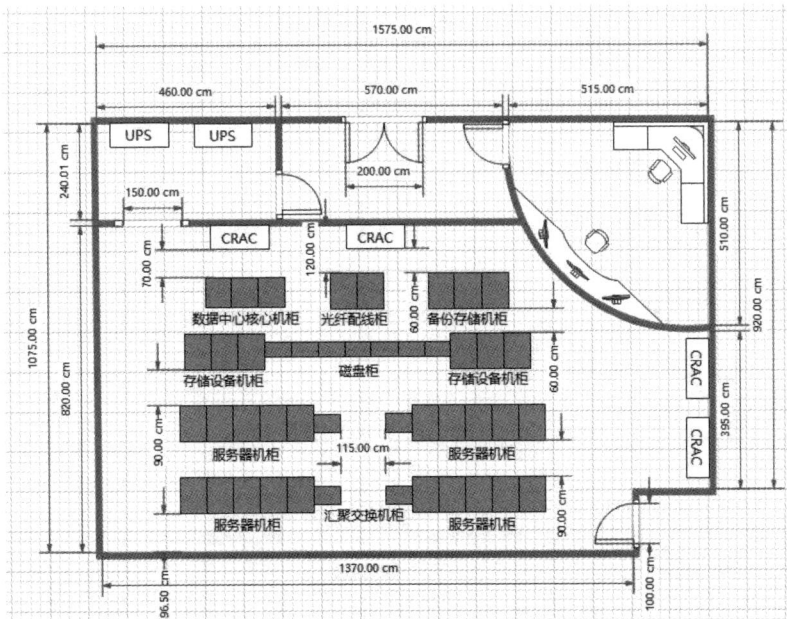

图 3-20 完成机房所有设备的文字说明

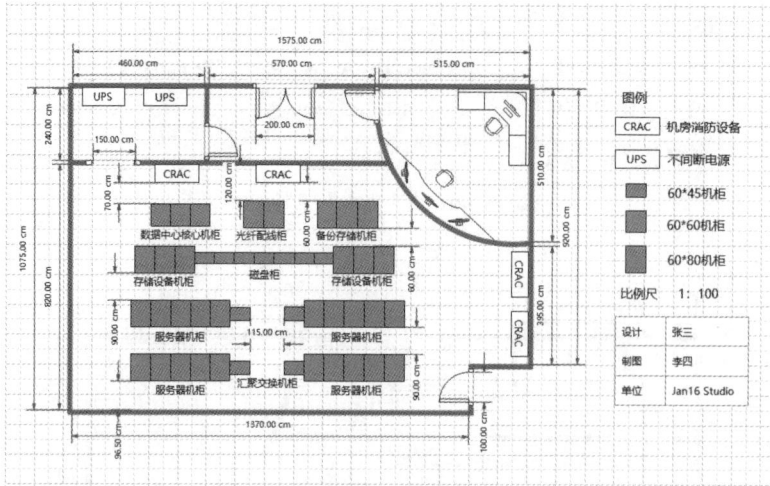

图 3-21 添加图例

💡 项目实训

根据图 3-22 提供的信息绘制平面布局图。

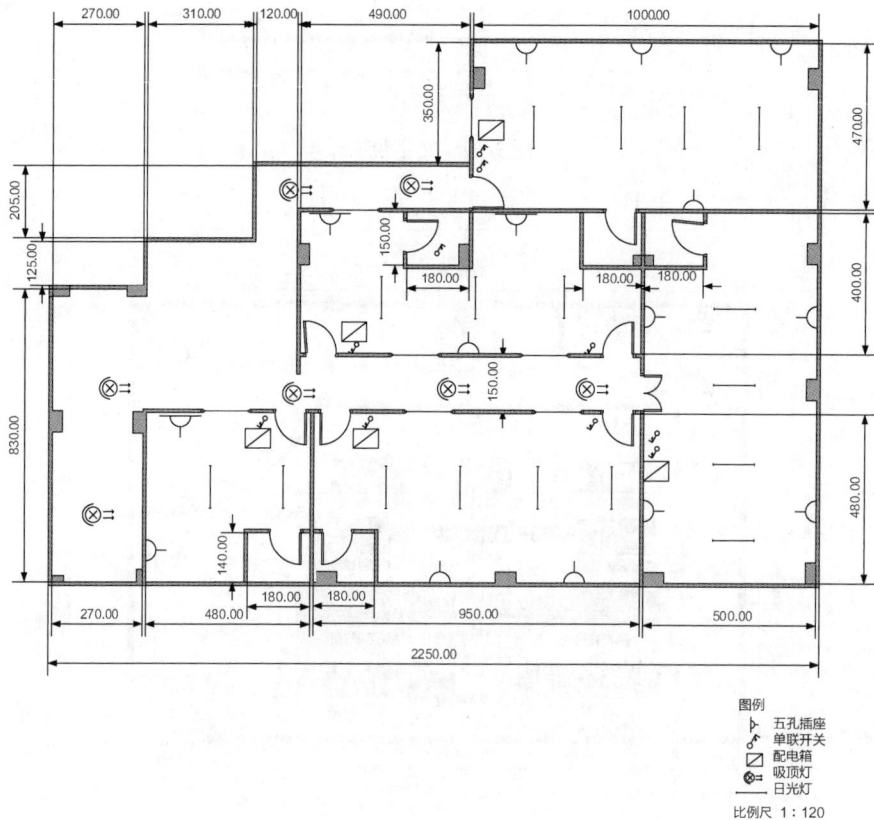

图 3-22 项目实训——平面布局图

项目 4

绘制网络工程流程图

【项目学习目标】

（1）了解网络工程的基本流程。

（2）了解流程图的基本元素。

（3）掌握流程图的绘制方法。

项目背景

某公司的主营业务为销售网络设备，同时为客户提供配套的网络工程规划设计、实施和维护管理等专业服务。公司为实习生安排了入职培训，培训内容为介绍公司的发展历史与业务范围，以及了解网络工程项目的流程。工程师负责培训实习生，他绘制了网络工程流程图用于新人培训。

工程师通过网络搜集到以前的网络工程流程图作为参考，如图 4-1 所示。

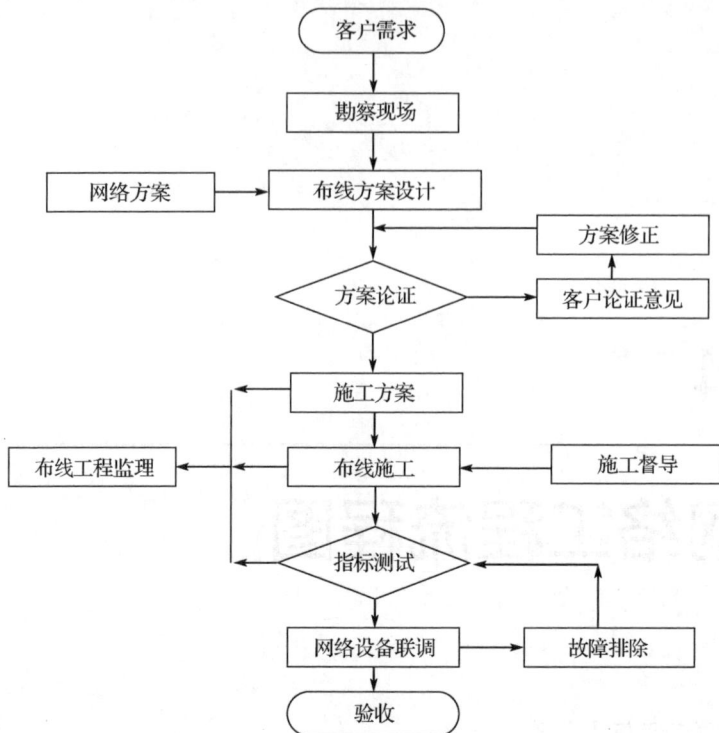

图 4-1　网络工程流程图

项目需求分析

在本项目中，常用流程图的形状符号如下。

（1）椭圆符号表示终端，代表流程中的开始（输入）或结束（输出），开始或结束写在椭圆符号内。

（2）矩形符号表示活动，代表流程中的步骤，活动的简要说明输入到矩形符号内。

（3）菱形符号表示判断，代表流程的分支，需要判断问题的简要说明输入到菱形符号内。判断条件或分支描述通常在分支箭头上进行标注。

培训实习生需要绘制的网络工程流程图，其工作步骤如下。

（1）根据流程图的内容，从亿图图示软件的"符号库"中选择合适的形状符号（如矩形、菱形、圆形等），并按照逻辑关系进行图纸制作。

（2）使用文本工具输入相应的描述性内容，清晰表达此处的关键业务或操作步骤。

（3）使用线条工具在各形状符号之间绘制连接线，清晰表达流程中的顺序、分支或决策路径，确保线条的走向直观准确。

相关知识

4.1　网络工程的流程

网络工程是对专业性要求很高的综合型项目，涉及规划设计、实施、维护和管理等若干流程。整个流程通常包括以下步骤。

1. 需求分析

需求分析是指与客户建立良好的沟通关系，明确他们对项目的具体需求，包括网络规模、性能、安全性、预算等。

2. 网络规划

网络规划是指基于需求分析结果，设计网络架构与拓扑结构，进行 IP 地址规划和子网划分，根据客户预算合理选择网络产品，并充分考虑未来拓展的需求，搭建让客户满意的软硬件环境。

3. 方案设计

进入网络工程实施方案的详细设计阶段，包括网络设备配置、线路路由设计、网络安全策略制定等内容，并根据设计要求细化相应的技术文档。最终将设计方案提交客户反复确认，在形成正式设计文档后，要求甲乙双方签字备案。

4. 项目实施

项目实施是指严格按照正式签署的设计方案进行综合布线施工，上架网络设备，配置网络架构和搭建网络安全体系。将项目网络按照业务要求接入当前网络架构，确保信息的正确性、安全性和稳定性，避免出现信息孤岛。

5. 测试与调试

从项目设计阶段就开始进行测试，项目设计阶段包括需求分析、网络规划、方案设计、项目实施等，进行测试的目的是尽早发现问题、分析问题和解决问题。编写详细的网络配置文档和操作手册，能够为项目后续的维护管理提供帮助。

6. 项目交付

甲乙双方根据验收资料完成测试后，公司将项目正式交付客户。

7. 维护与支持

维护与支持是指根据合同约定条款，公司为客户提供持续的技术支持和维护服务，包括定期检查、故障排除、系统升级等。

8. 监控与优化

监控与优化是指使用自动化网络运维工具，长期监控网络性能，根据监控结果对其进行优化调整，以完善项目功能和提升工作效率。

9. 安全更新

安全更新是指通过远程桌面技术和不定期的上门服务，按需调整网络安全策略和安全等级，防范日益变化的网络安全攻击，提升网络防御能力、加强日常安全监控管理。

4.2 流程图

流程图是以图形化方式描述系统中的信息流、观点流或部件流之间逻辑关系的工具。在企业应用场景中，流程图通常用于说明某项业务的流转过程。这些过程既可以是生产线上的工艺流程，也可以是实现业务目标所必要的管理流程。

绘制流程图有独立的规范体系，步骤如下。

（1）椭圆符号表示开始与结束。

（2）矩形符号表示行动方案、普通工作环节。

（3）菱形符号表示条件判断或判定（审核/审批/评审）环节。

（4）平行四边形符号表示输入或输出。

（5）箭头符号表示工作流的方向。

亿图图示软件专门设立了"基本流程图形状"选项，如图 4-2 所示。

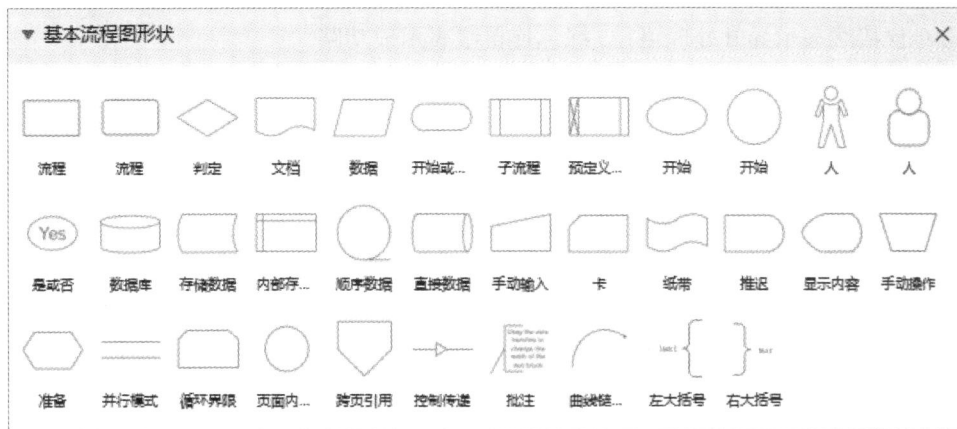

图 4-2　"基本流程图形状"选项

项目实施步骤

针对实习生培训的需要，工程师结合自己对网络工程的理解，绘制了网络工程流程图，主要步骤如下。

（1）根据项目的具体背景，明确流程的逻辑与步骤，选择恰当的流程图形状符号来绘制（终端流程、活动流程、判断流程等）。

① 终端流程表示流程的开始点或结束点。通常以椭圆符号表示，并标注相应的流程状态或结果。

② 活动流程是流程图中的核心部分，代表了一系列需要执行的任务或操作。通常使用矩形符号来表示，为了区分不同的活动流程可以使用不同的颜色或填充样式。

③ 判断流程表示在流程中需要做出决策的关键节点，该步骤将确定后续流程的走向。通常以菱形符号表示，并在其中标注决策条件和可能的分支路径。

（2）形状符号的连接关系（绘制连接线、连接线颜色、连接线箭头等）。

① 绘制连接线用来连接不同的流程图中的形状符号，表示它们之间的逻辑关系和先后顺序。

② 连接线颜色用来区分不同的流程路径或强调特定的流程环节。例如，可以使用蓝色连接线表示主要流程路径，红色连接线表示异常处理路径，绿色连接线表示成功路径等。

③ 连接线箭头表示流程的走向。判断流程下方的箭头通常会添加成对的反义词文本注释，指向不同的分支走向结果，如"是"与"否"、"成功"与"失败"等。

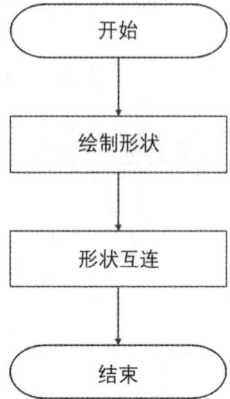

项目流程图的制作步骤如图 4-3 所示。

图 4-3　项目流程图的制作步骤

项目操作

任务 4-1　绘制形状

任务规划

绘制流程形状
并写入文本

使用亿图图示软件绘制网络工程流程图，本任务为添加流程图中的形状符号，并在各形状符号中输入相应的文本内容。

任务实施

（1）选择"更多符号"→"常规"→"流程图"→"基本流程图形状"选项，将"基本流程图形状"添加到"符号库"中，如图 4-4 所示。

（2）拖曳"开始或结束"符号到绘图区域，并调整大小，如图 4-4 所示。

（3）双击绘图区域中的"开始或结束"符号，输入文本内容"客户需求"，并调整字体大小为 10，如图 4-6 所示。

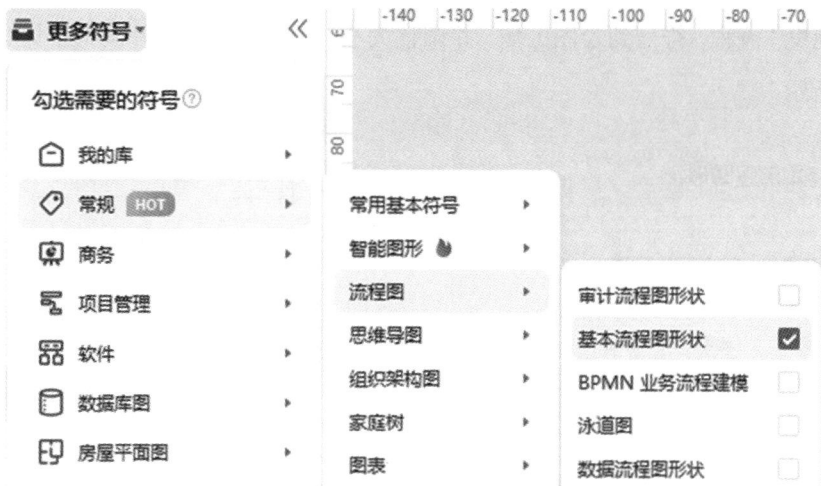

图 4-4　在"符号库"中添加"基本流程图形状"

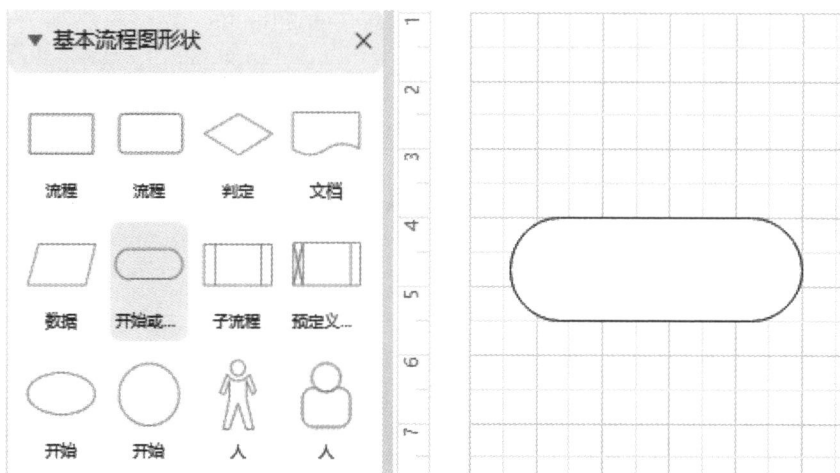

图 4-5　拖曳"开始或结束"符号到绘图区域

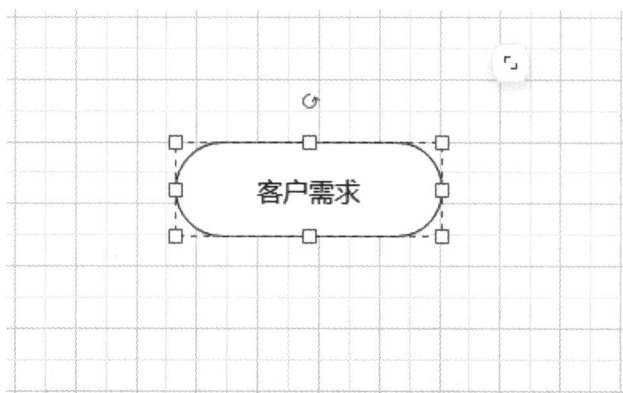

图 4-6　在"开始或结束"符号中输入文本内容

（4）拖曳"流程"符号到绘图区域，并调整大小，输入文本内容并调整字体大小为10，如图 4-7 所示。

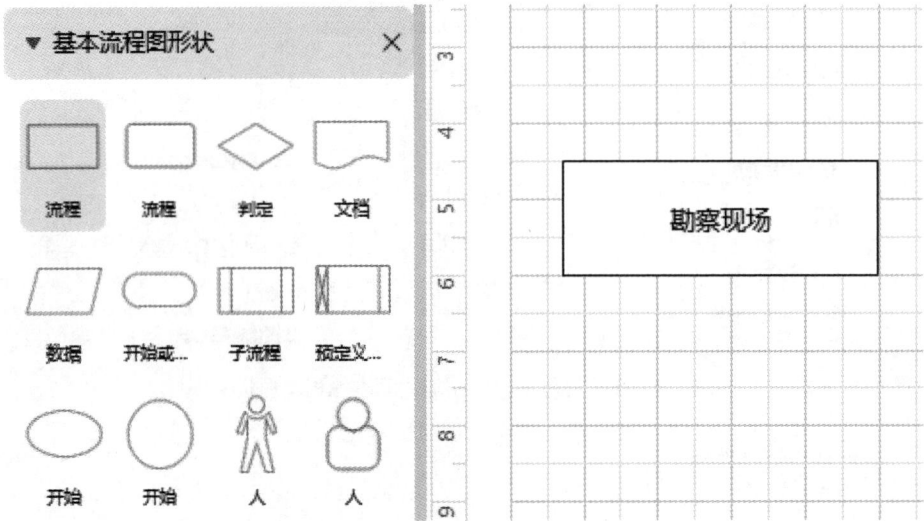

图 4-7　拖曳"流程"符号并输入文本内容

（5）拖曳"判定"符号到绘图区域，并调整大小，输入文本内容并调整字体大小为10，如图 4-8 所示。

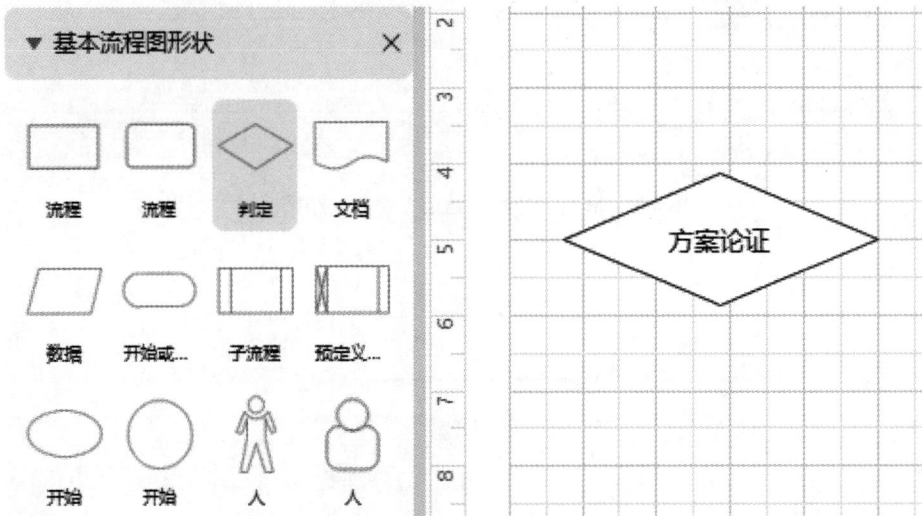

图 4-8　拖曳"判定"符号并输入文本内容

（6）重复以上操作，将所有形状符号添加到绘图区域，并输入相应的文本内容，如图 4-9 所示。

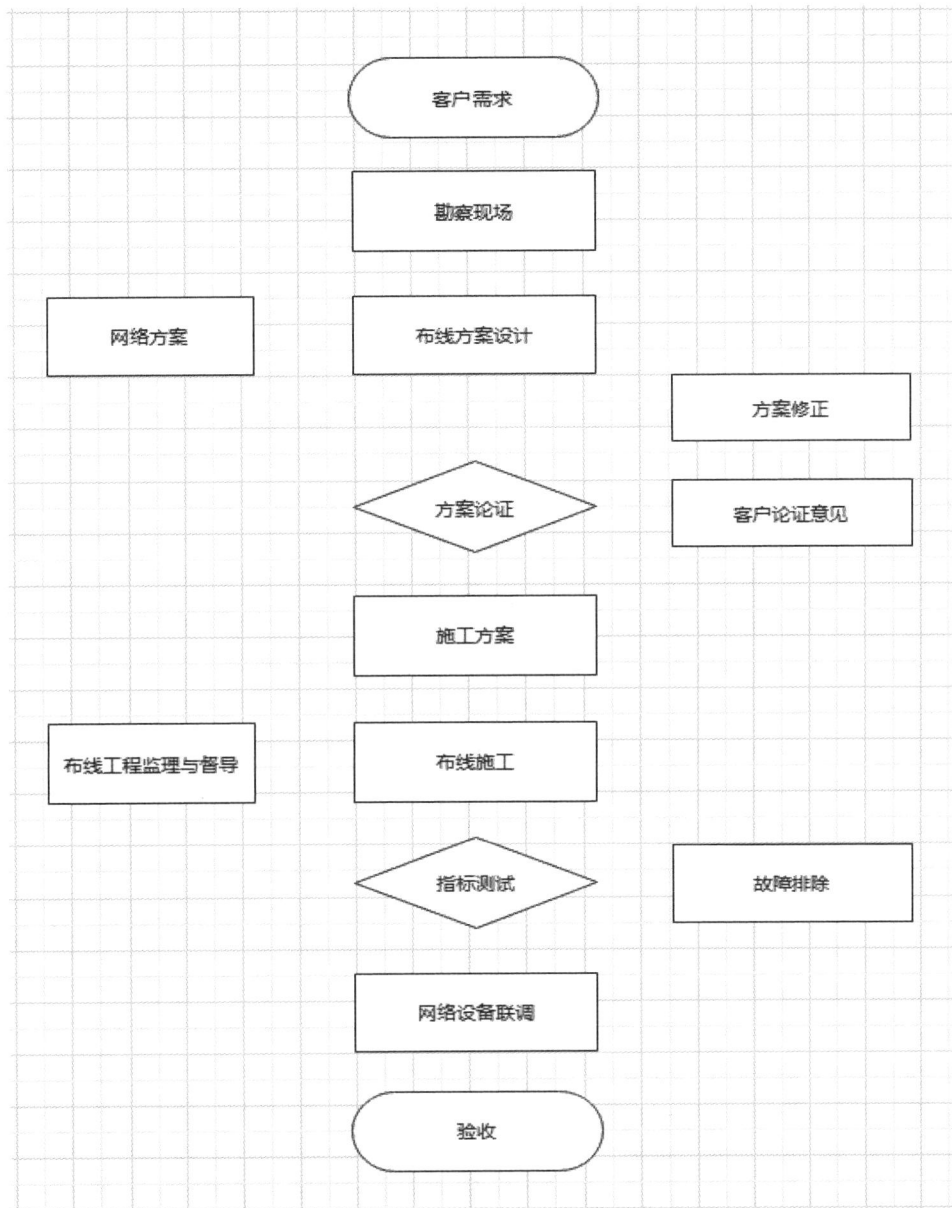

图 4-9　完成所有形状符号的绘制

任务 4-2　绘制连接线

任务规划

根据需求使用连接线表示形状符号之间的逻辑关系，本任务为使用连接线将所有形状符号按照流程的连接关系进行连接。

绘制形状连接线条

63

任务实施

（1）在"开始"选项卡的"工具"组中单击"连接线"按钮，如图 4-10 所示。

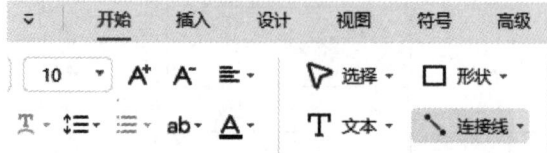

图 4-10　在"工具"组中单击"连接线"按钮

（2）单击"客户需求"符号下方的控制点，连接到"勘察现场"符号上方的控制点时松开鼠标，如图 4-11 所示。

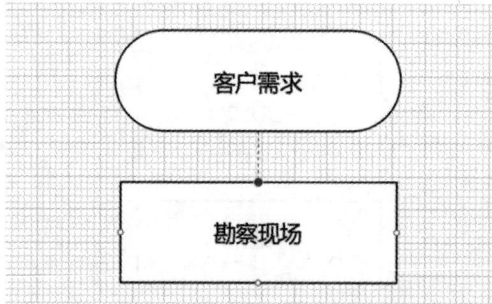

图 4-11　使用"连接线"进行形状符号的连接

（3）单击符号之间的"连接线"，弹出菜单，选择"终点箭头"下拉列表的"04"选项，如图 4-12 所示。

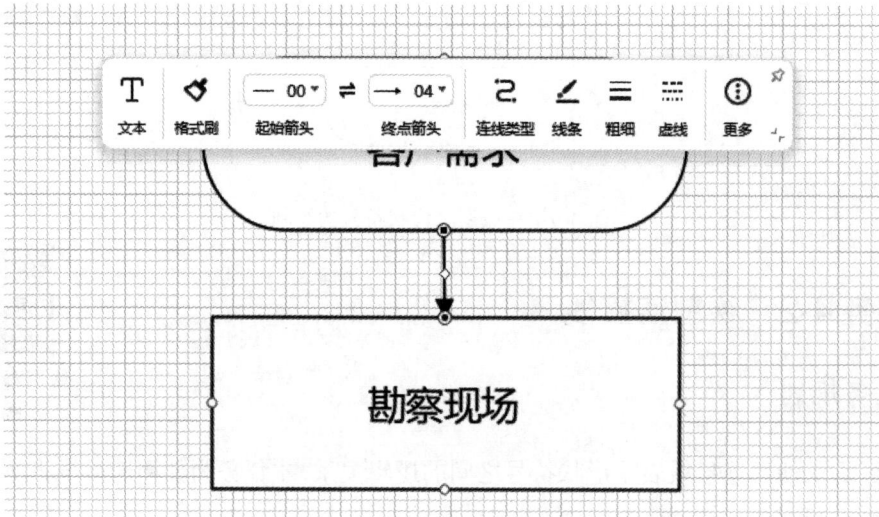

图 4-12　设置箭头格式

（4）重复以上操作，将所有形状符号连接起来，并设置箭头格式为"04"，如图 4-13 所示。

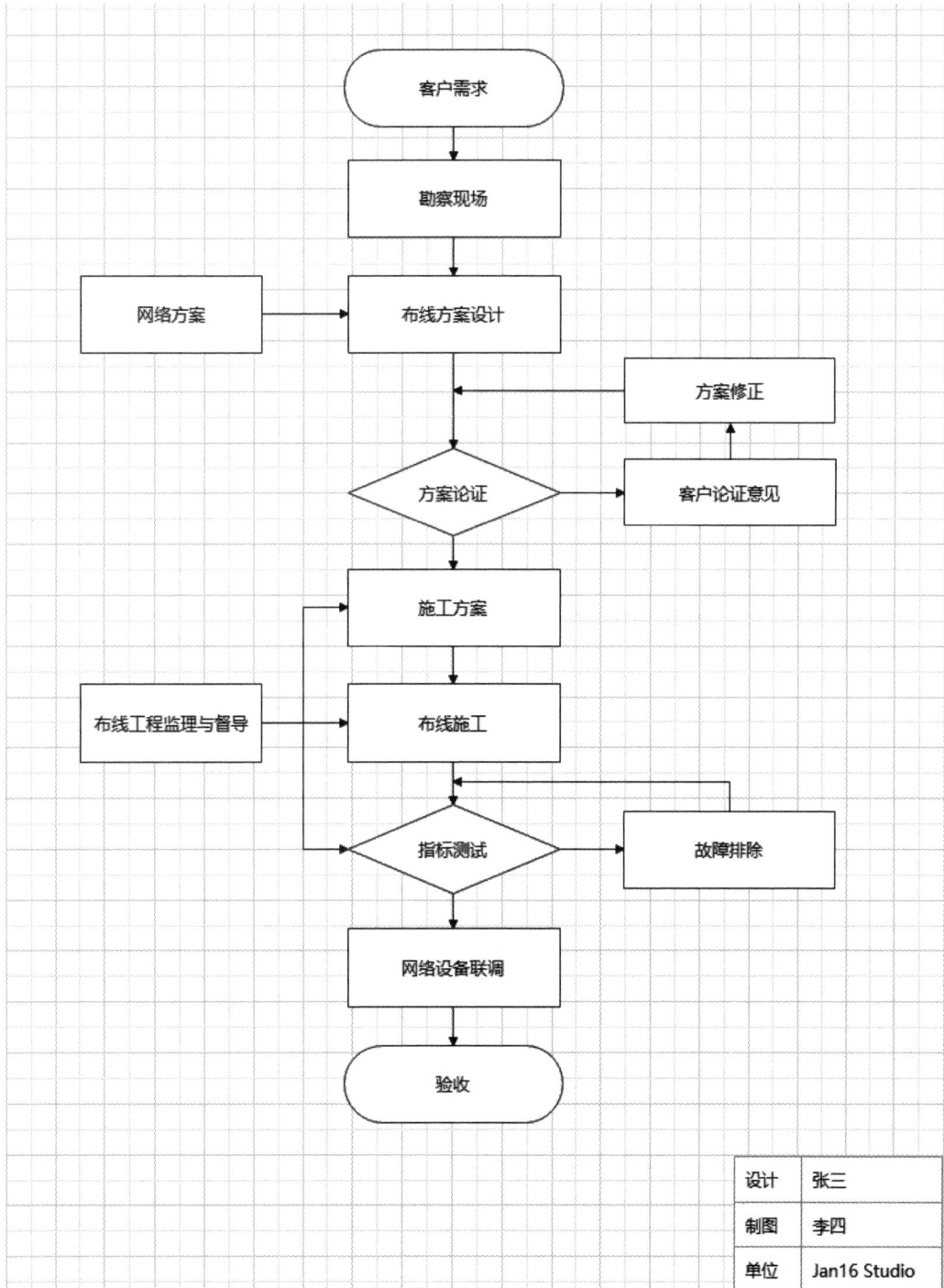

图 4-13　连接所有形状符号并设置箭头格式

项目实训

根据图 4-14 提供的信息绘制综合布线工程流程图。

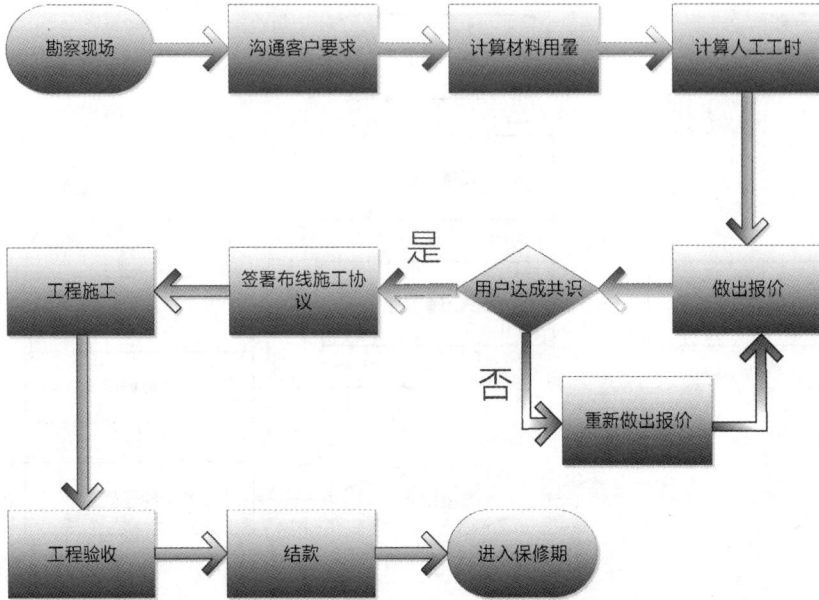

图 4-14 项目实训——综合布线工程流程图

项目 5

绘制楼层水平布线图

（1）了解水平布线子系统的基本概念与重要性。

（2）掌握布线路由规划原则。

（3）掌握材料的选用与标准。

（4）掌握楼层水平布线图及辅助视图的绘制方法。

✏️ 项目背景

　　某公司在城市的中心商圈租赁了商务楼的地面一层，为商务部和销售部开拓用户市场提供便利。根据这两个部门的业务需求，在保留原有装修的基础上，对该场地进行综合布线改造。公司指派助理工程师负责前期调研和图纸制作，其工作成果将用于指导乙方工程人员完成布线施工。

　　由于楼层水平布线图是在建筑平面图的基础上进行绘制的，因此可以从建筑管理方获取电子版的建筑平面图，商务楼 1 楼的建筑平面图如图 5-1 所示。

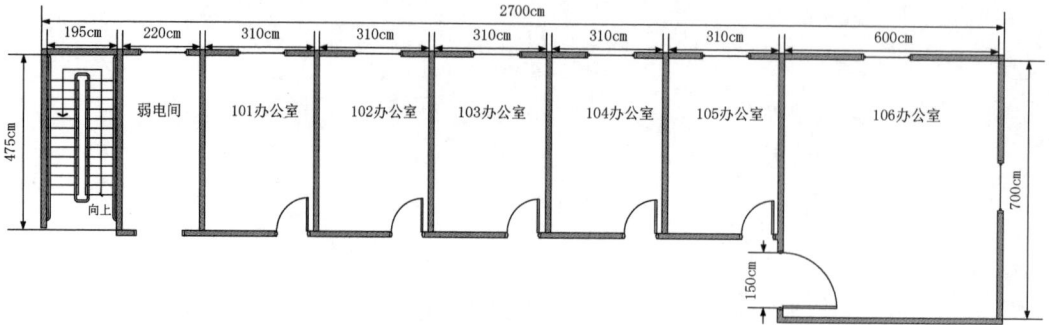

图 5-1　商务楼 1 楼的建筑平面图

项目需求分析

楼层水平布线图可以通过以下四种方式进行绘制。

（1）联系建筑管理方的工作人员，向其索要与建筑物相关的电子版建筑设计图纸，并以此为基础，按照设计方案重新绘制商务楼 1 楼的建筑平面图。

（2）复印建筑档案中与商务楼 1 楼相关的建筑图纸，依据纸质版图纸的数据自行增补综合布线工程内容（如网络线路、电源线路等），完成电子版图纸的绘制。

（3）通过拍摄商务楼 1 楼的消防安全疏散图，并以该图为基础完成实地勘查，完成电子版图纸的绘制。

（4）根据建筑物的实际情况手工绘制草图。在绘制草图时，应尽可能详细地记录商务楼 1 楼的各个区域和设备布局。在完成实地勘查以后，手工绘制草图，工程师以此为蓝本绘制电子版商务楼 1 楼的平面图。

本项目需要绘制楼层水平布线图，其工作步骤如下。

（1）根据楼层布局和网络设计，确定每个信息点的具体位置及楼层配线间的最佳位置。

（2）根据布线路由设计，选择布线型材并搭建布线路由。

（3）选取具有代表性的房间绘制其正视图。

（4）根据图纸中的元素，制作可读易懂的图例。

相关知识

5.1　水平布线图

水平布线图是在建筑平面图的基础上，增加综合布线工程的路由分布（线槽、线管、配线间、竖井等）和网络设备（机架、机柜等）标识的图纸，是布线工程中配线子系统施工的指导性文件。绘制前需要到现场进行环境勘测，测量和记录施工环境中可能影响布线的元素。运用综合布线的知识确认施工方式、路由设计、材料选用等。为了保证布线施工的规范，还需要根据具体情况增补辅助视图，用于标注施工环境中的立面尺寸和布线路由。某医院门诊部楼层的水平布线图如图 5-2 所示。

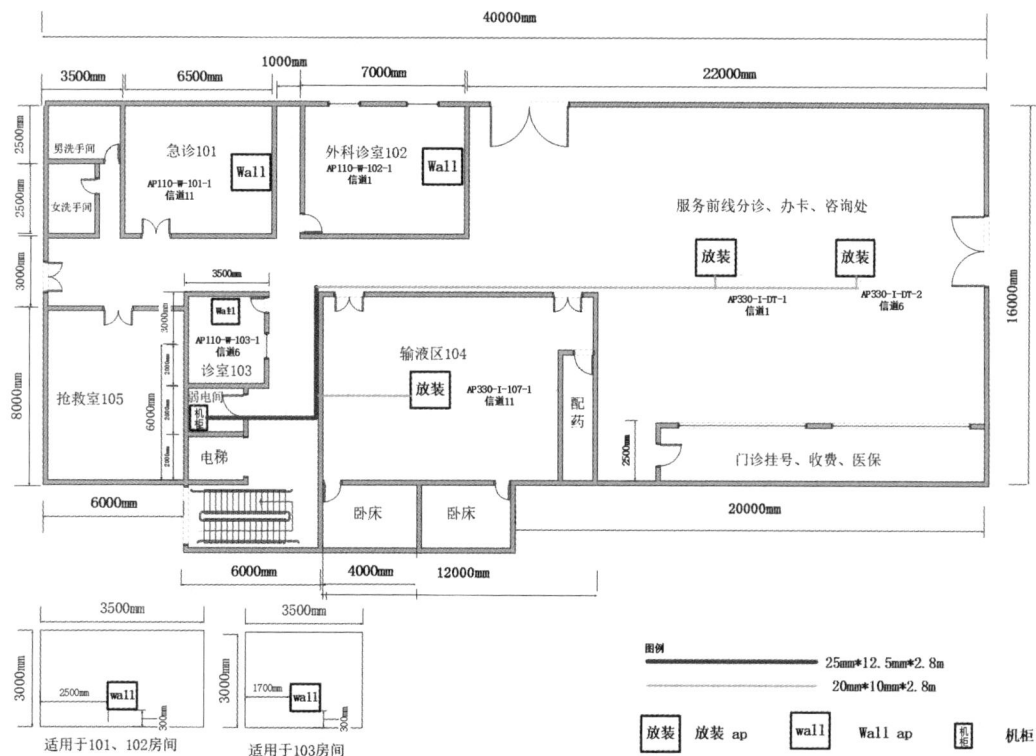

注：墙高为 300cm，架高为 50cm，门宽为 90cm，门高为 200cm。

图 5-2　某医院门诊部楼层的水平布线图

69

5.2　布线路由

布线敷设方式分为明敷与暗敷两种。在工程实践中，楼层水平布线图主要体现线槽明敷布线的实施方案。布线路由是指在平面图上把线槽布设的线路标注出来，并且通过不同粗细的线段区分线槽规格的大小。路由选择需要综合考虑布线规范、路径最短、造价成本低、美观耐用等因素，同时需要合理规避或充分屏蔽不良因素的干扰。同一楼层部署两种规格线槽的布线路由案例如图 5-3 所示。

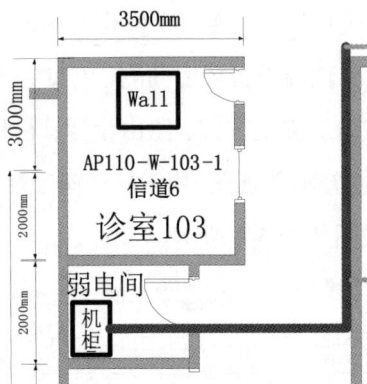

图 5-3　同一楼层部署两种规格线槽的布线路由案例

5.3　材料选用

水平子系统中线槽线管的选择以布线方式和缆线数量作为核心依据。

明敷布线方式优先采用线槽进行布线，根据综合布线系统构成合理的要求，来选用不同规格的材料（PVC 线槽或金属线槽），以兼顾美观和实用性。PVC 线槽的安装方式通常是直接固定在墙面上，然后通过底槽开孔的方式与房间的布线结构进行连接；金属线槽的安装方式是使用吊臂（U 型或 L 型）进行承托，通常线槽不是直接固定在墙面上，而是与墙面保持一定的距离。线槽和套内布线结构互相连接的线材，通常会使用波纹管进行保护。

暗敷布线方式通常采用 PVC 线管进行布线，实际工程中建议使用满足布线根数需要的最小直径线管，这样能够降低布线成本。只有在针对布线系统有特殊屏蔽要求的情况下，才会选用金属线管。

5.4　辅助视图

辅助视图作为平面图的技术补充，其核心价值是让施工方能够脱离文字描述，只看图纸即可理解施工要点。该视图主要针对楼层水平布线图中包含纵向布线的特殊墙面，需准确标注进线孔、信息插座、路由弯曲部分的位置信息，以及不同路径中线槽线管的规格参数。某楼层水平布线图的辅助视图如图 5-4 所示。

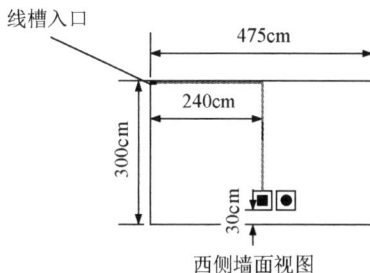

图 5-4　某楼层水平布线图的辅助视图（适用于房间 101～105）

项目实施步骤

从施工的整体规划和整洁美观的角度出发，布线工程施工应尽可能采用暗敷布线方式。工程师在原有建筑平面图的基础上，结合综合布线工程的规范要求，绘制了楼层水平布线图，主要步骤如下。

（1）准确标记每个信息点与楼层配线间的位置（信息点、竖井）。

① 信息点是指用于连接终端设备的点位，通常位于房间的墙壁或办公桌附近，便于用户通过有线的方式接入网络。

② 竖井是指建筑物中专门用于垂直干线布线作业的、上下连通的垂直通道空间，通常位于各层楼梯间的旁边，主要用于敷设连接不同楼层的线缆、管道，同时可安装布线设备和网络设备等。

（2）在图纸上绘制型材路由（线槽）。

线槽是指用于固定和保护线缆的金属或塑料槽道。按照设计路径实施安装，将线缆从信息点敷设至楼层配线间。

（3）绘制水平布线图，展示房间内的水平布线细节，包括布线走向、连接点位置、施工方式等。

（4）添加文本标注（距离标注、图例说明等）。

楼层水平布线图的制作步骤如图 5-5 所示。

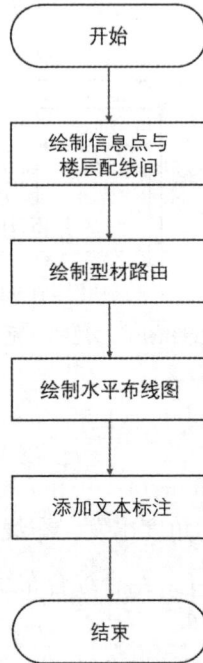

图 5-5　楼层水平布线图的制作步骤

项目操作

任务 5-1　绘制信息点与楼层配线间

任务规划

在完成需求调研阶段和需求分析后，甲方需在规划设计环节明确楼层配线间的位置，确定信息点的位置、类型和数量等重要指标。结合施工现场的布局和位置，将信息点和楼层配线间按照比例准确地反映在图纸上。通过使用不同的颜色、形状和尺寸来区分不同类型的信息点，以提高图纸的可读性和准确性。实施步骤如下。

（1）根据竖井的实际尺寸和位置，使用基本形状符号绘制竖井。在亿图图示软件的"符号库"中并未发现表示竖井的符号，因此需要工程师自行定义。

（2）根据现场空间的功能划分和用户需求，确定信息点的类型、数量、位置和安装方式等。

任务实施

1. 绘制竖井

竖井是使用上下两个长方形与中间的交叉线共同构成的，将制作出来的形状符号保存到"我的库"中以便调用。

（1）使用亿图图示软件打开项目 2 的建筑平面图，选择"更多符号"→"常规"→"常用基本符号"→"基本绘图形状"选项，将"基本绘图形状"添加到"符号库"中，如图 5-6 所示。

图 5-6　在"符号库"中添加"基本绘图形状"

（2）拖曳"基本绘图形状"中的"长方形"符号到绘图区域，并调整大小，如图 5-7 所示。

（3）先按住"Ctrl"键并单击绘图区域中的长方形，再按住鼠标左键不放将长方形拖曳到下方的空白绘图区域，在鼠标停留处会复制出一个与已完成的长方形完全相同的新长方形，将这两个长方形对齐，如图 5-8 所示。

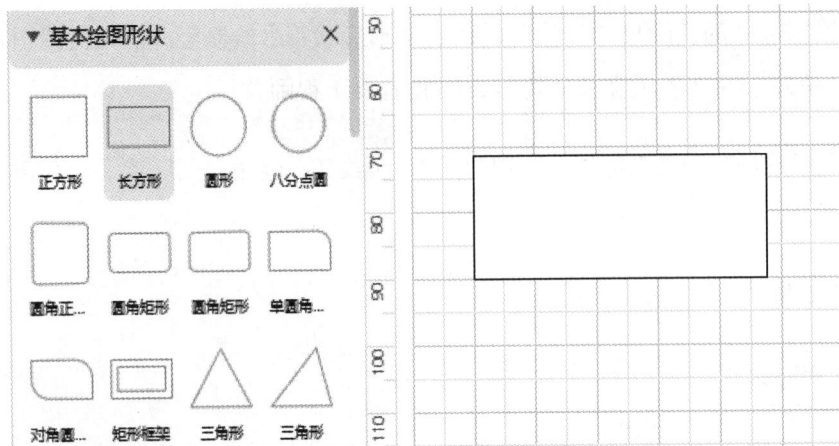

图 5-7　添加形状符号并调整大小

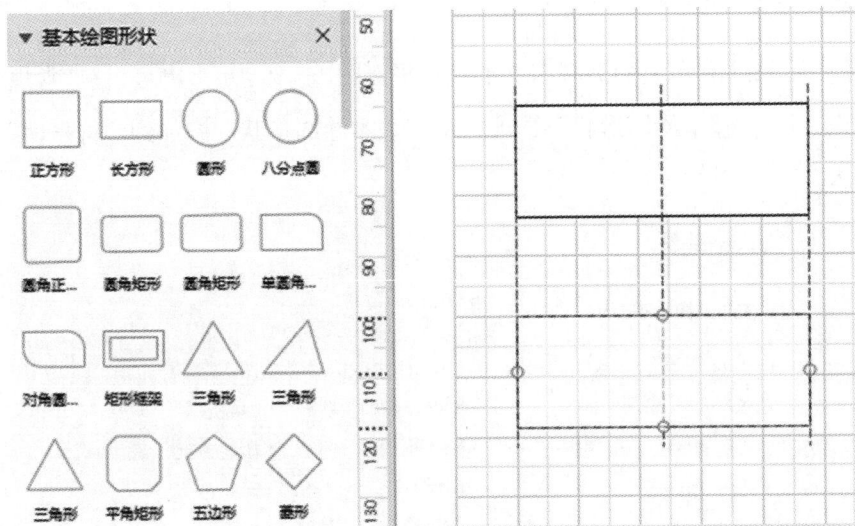

图 5-8　按住"Ctrl"键复制绘图区域的长方形

（4）在"开始"选项卡的"工具"组中，单击"连接线"按钮，选择"直线连接线"选项，如图 5-9 所示。

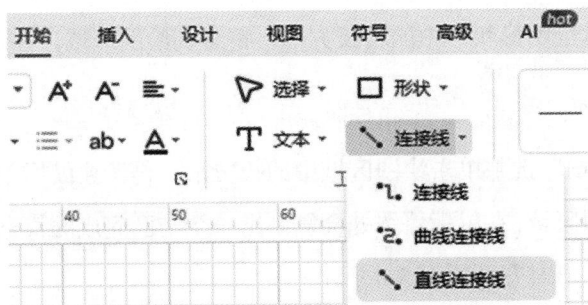

图 5-9　在"连接线"中选择"直线连接线"选项

（5）使用连接线在两个长方形中间画两条交叉线，拼成"竖井"，作为楼层配线间，如图 5-10 所示。

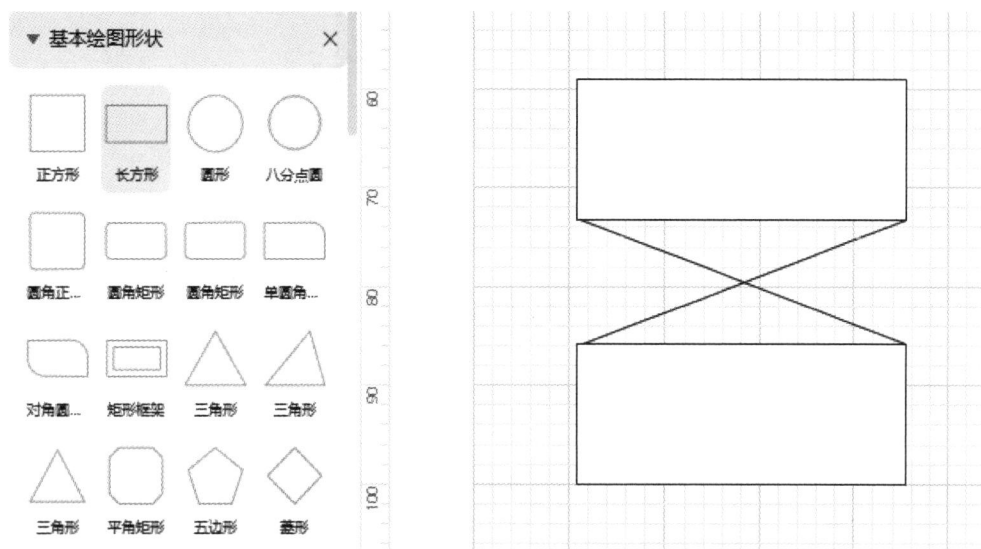

图 5-10   在两个长方形中间画出两条交叉线

若连接线交叉处由于"自动避障"而发生变形，可以选择"设计"→"页面设置"→"跳线样式"→"无"选项，如图 5-11 所示，避免出现线条跨接的情况。

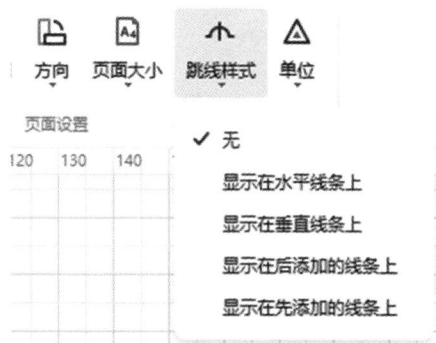

图 5-11   跳线样式功能展示

（6）将"竖井"符号拖曳到"弱电间"里，并调整大小，如图 5-12 所示。

2．绘制信息点

（1）使用"正方形+中心圆形"和"正方形+中心正方形"绘制网络信息点和语音信息点，将两个正方形中心的图形填充为黑色，形成一组"工作区面板"，如图 5-13 所示。

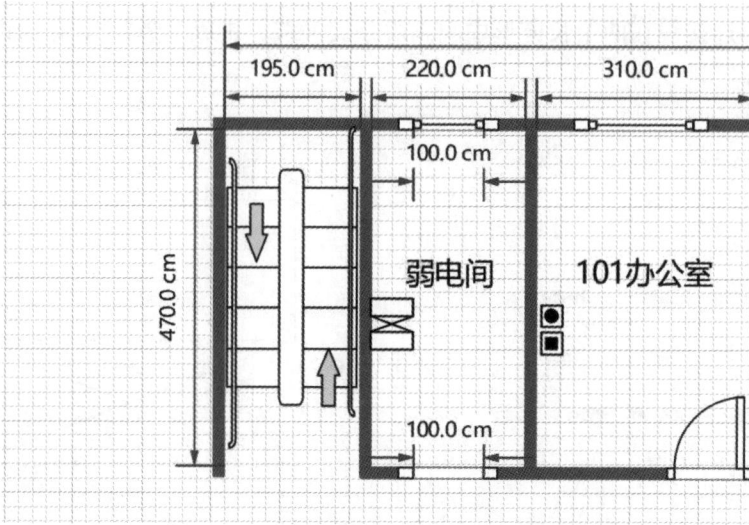

图 5-12　将"竖井"符号拖曳到"弱电间"

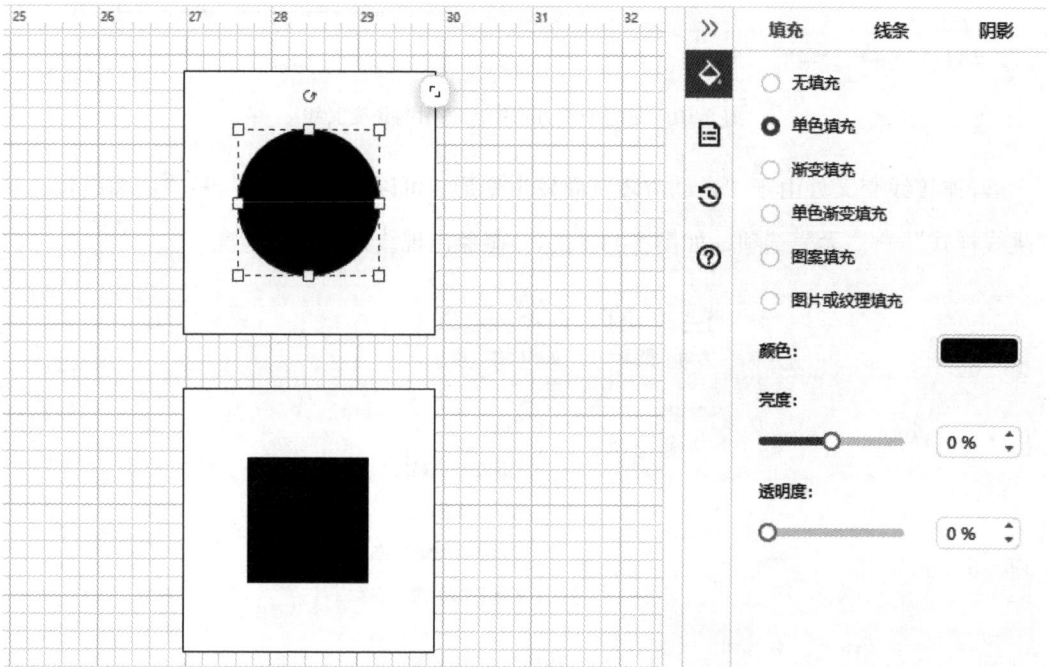

图 5-13　绘制"工作区面板"——网络信息点（上）和语音信息点（下）

（2）拖曳一组"工作区面板"符号到"101 办公室"左侧的墙面处，并调整大小，如图 5-14 所示。

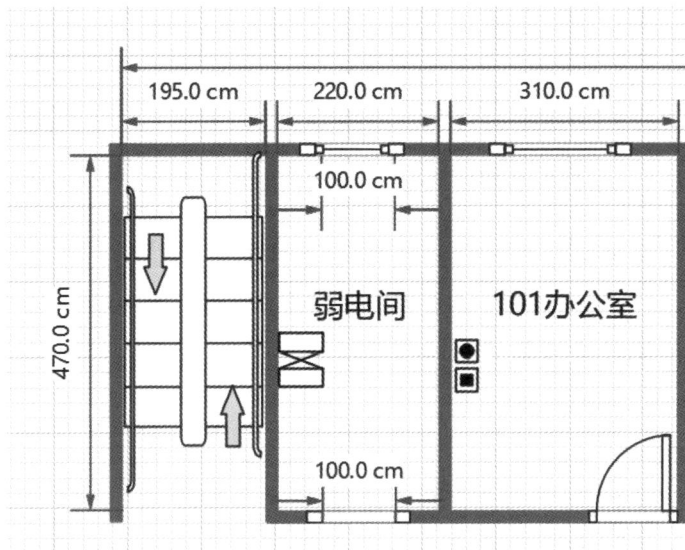

图 5-14　将"工作区面板"符号放置到"101 办公室"

（3）重复以上操作，将所有"工作区面板"符号按照设计方案放置到图上指定位置，如图 5-15 所示。

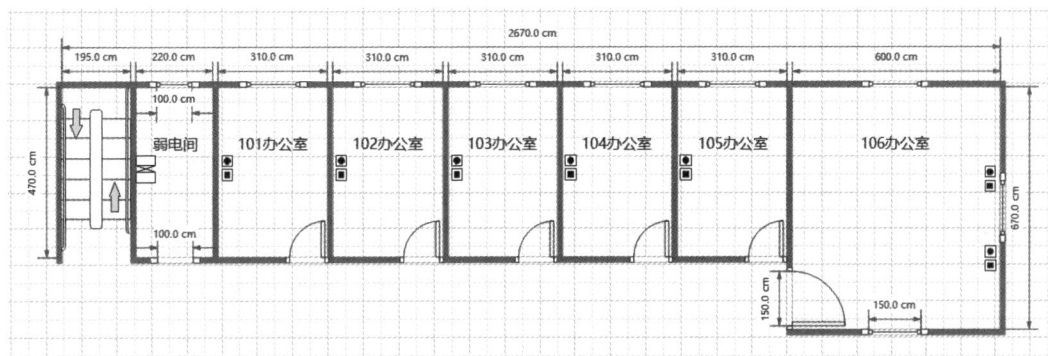

图 5-15　将"工作区面板"符号放置到各个办公室

任务 5-2　绘制水平布线型材路由

任务规划

绘制水平布线
型材路由

在水平布线图中使用线槽线管将竖井和信息点连接起来。实施任务是，根据楼层布局、信息点和配线间位置，规划出线槽的最佳路径，便于施工人员按图施工。

任务实施

线槽线管均使用亿图图示软件中的"连接线"进行制作，以不同颜色进行区分。同时按照实际情况用不同粗细的线条对不同规格的线槽线管进行分类。

（1）在"开始"选项卡的"工具"组中单击"连接线"按钮，使用连接线从"弱电间"的左侧墙面绘制到"105办公室"的右侧墙面，将"线槽"符号的线条颜色改为橙色，线条粗细改为5磅，如图5-16所示。

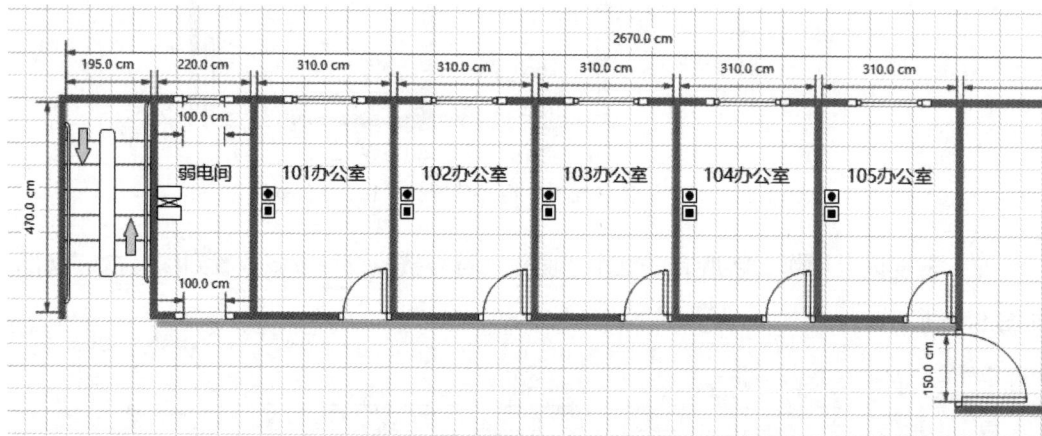

图5-16 绘制"线槽"符号

（2）使用连接线从刚才绘制的"线槽"符号左端绘制到"竖井"符号的下方，设置此"线槽"符号的线条颜色为黄色，线条粗细为5磅，如图5-17所示。

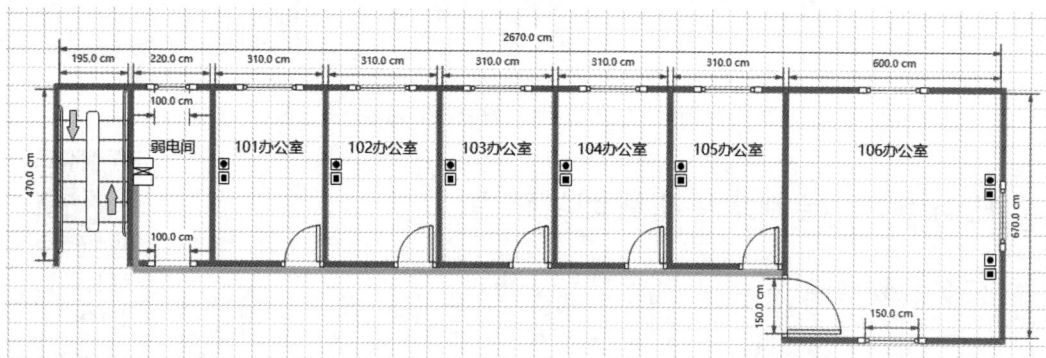

图5-17 连接"竖井"符号

（3）按照设计方案使用"线管"连接各处信息点。为了在"105办公室"与"106办公室"的墙面之间敷设网线，在"105办公室"与"106办公室"墙面之间使用"管道和连接线"中的"软管"进行连接。之后设置"101～105 办公室"中"线管"的线条粗细为 2 磅，设置"106 办公室"中"线管"的线条粗细为 3 磅，如图 5-18 所示。

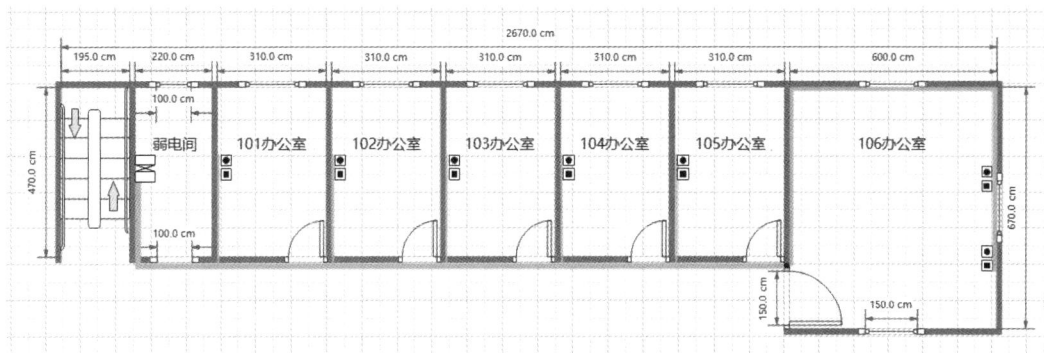

图 5-18　完成所有"线管"的连接

（4）拖曳"批注"符号到绘图区域，并拖曳批注点指向"线槽"，进行槽内线缆情况的文本批注，如图 5-19 所示。

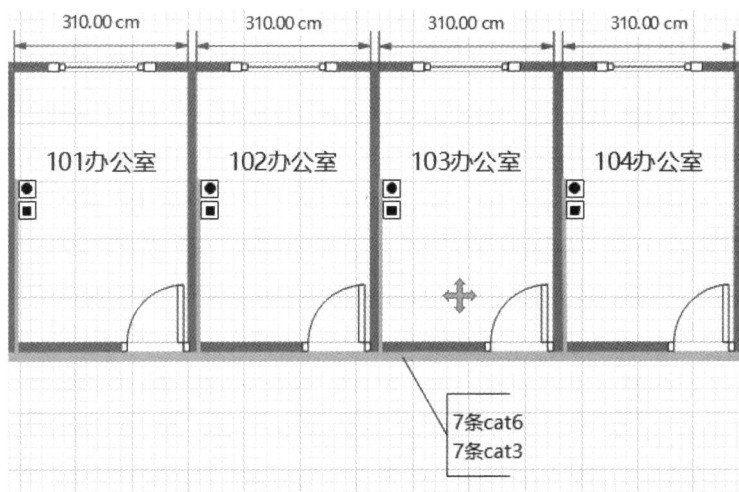

图 5-19　添加批注

任务 5-3　绘制房间水平布线正视图

任务规划

楼层水平布线图从俯视的角度标注具体布线点位，但是墙面的布线情况无法准确反映，此时需要补充辅助视图（正视图）加以说明。按照行业惯例，通常把平面空间布局中左侧的墙面设置为 A 面，按照顺时针方向将其他墙面依次设置为 B 面、C 面和 D 面，根

绘制房间水平
布线正视图

据现场布线情况绘制所需的辅助视图。另外一种墙面布局方案是依据图纸标注的"上北下南，左西右东"方位进行排列。绘制房间水平布线正视图的实施步骤如下。

（1）使用基本形状符号完成墙面绘制。

（2）根据墙面设计图和实际需求，确定墙面设备（如线槽、信息点等）的安装位置。

（3）添加标注（如距离、尺寸、文本等）。

任务实施

1. 绘制 101 办公室西侧墙面

拖曳"长方形"符号到绘图区域中主图的下方空白处，单击"长方形"，在"开始"选项卡的"排列"组中单击"大小"按钮，调整其宽度为 4.70cm，高度为 3.00cm，如图 5-20 所示。

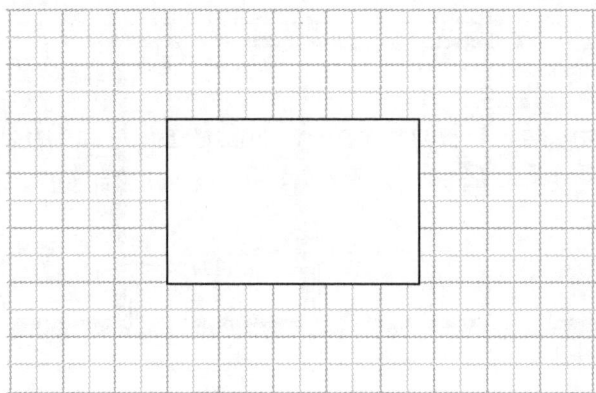

（a）单击"长方形"

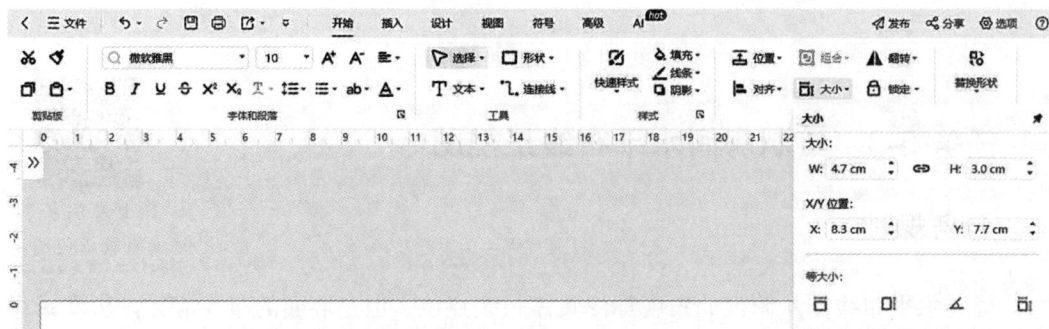

（b）调整大小

图 5-20　绘制墙面

2. 控件添加

复制"线槽"符号和"工作区面板"符号到墙面上，以绘制房间西侧墙面的辅助视图，设置"线槽"的线条粗细为 2 磅，如图 5-21 所示。

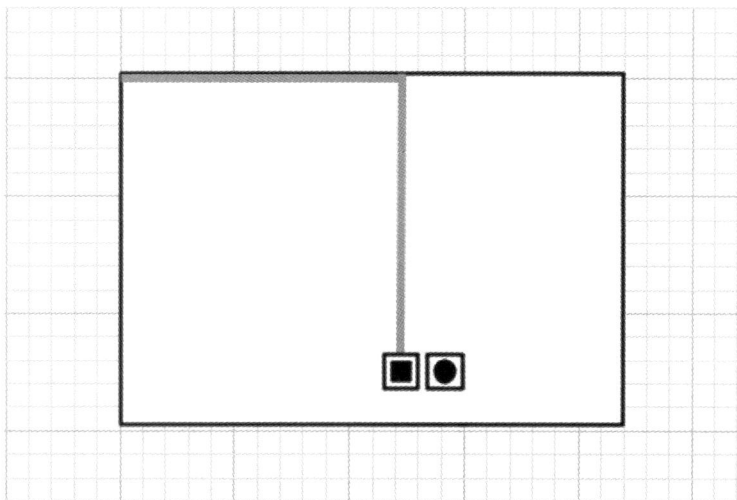

图 5-21　绘制房间西侧墙面的辅助视图

3. 绘制 106 办公室东侧墙面

拖曳"长方形"符号到绘图区域，并调整其宽度为 6.70cm，高度为 3.00cm，复制"线槽"符号和"工作区面板"符号到墙面上，绘制成东侧墙面的辅助视图，设置"线槽"符号的线条粗细为 3 磅，如图 5-22 所示。

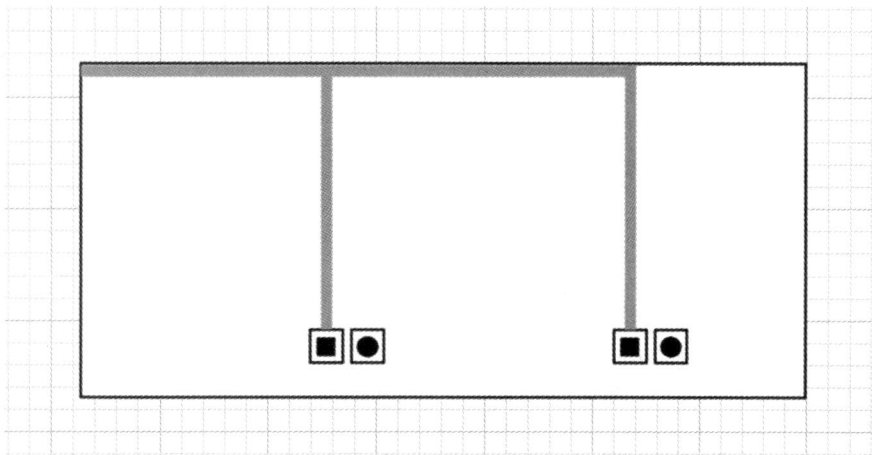

图 5-22　绘制房间东侧墙面的辅助视图

4. 添加"标注"

（1）拖曳"尺寸标注"中的"水平"基线符号到绘图区域，将测量点拖曳到墙体两侧，如图 5-23 所示。

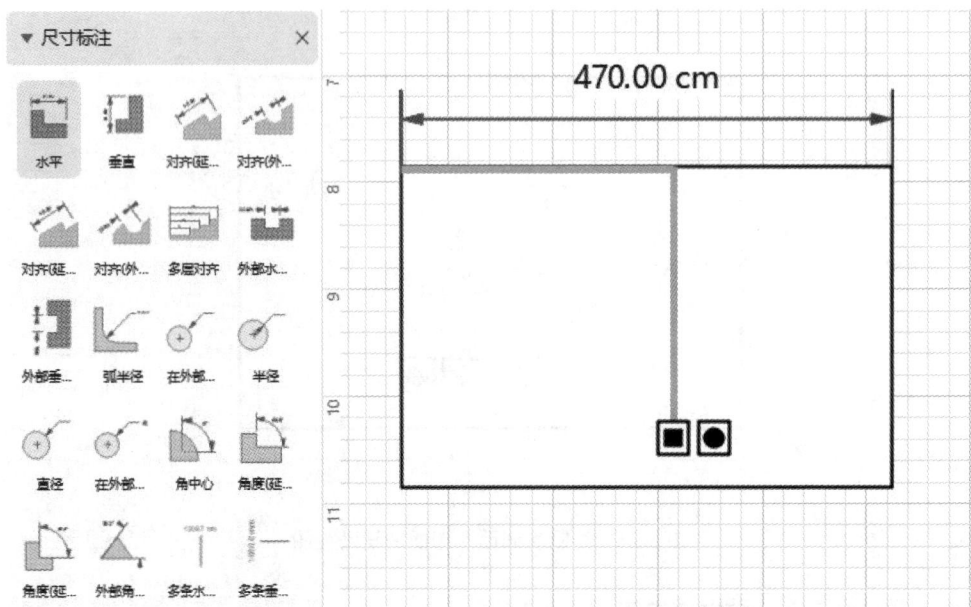

图 5-23　添加"水平"基线符号

（2）重复以上操作，给西侧墙面辅助视图和东侧墙面辅助视图的墙壁、线槽、信息点等位置添加尺寸标注，如图 5-24 所示。

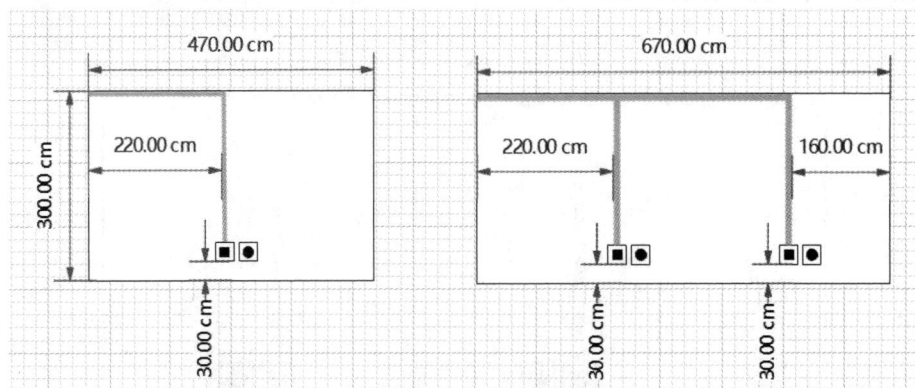

图 5-24　添加尺寸标注

（3）在西侧墙面辅助视图和东侧墙面辅助视图的下方添加文本框，并写好文字标注，如图 5-25 所示。

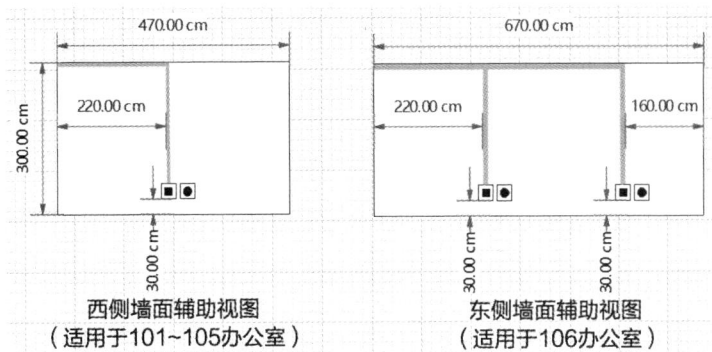

西侧墙面辅助视图
（适用于101~105办公室）

东侧墙面辅助视图
（适用于106办公室）

图 5-25　添加文本标注

任务 5-4　添加图例

任务规划

筛选楼层水平布线图中用于表达专业概念的符号、形状和线条，添加到图例中并按照专业类别进行合理排列。

任务实施

复制所有用于表达专业概念的符号、形状和线条，统一设置宽度并做好文字说明，最后添加图纸比例尺，形成图例，如图 5-26 所示。

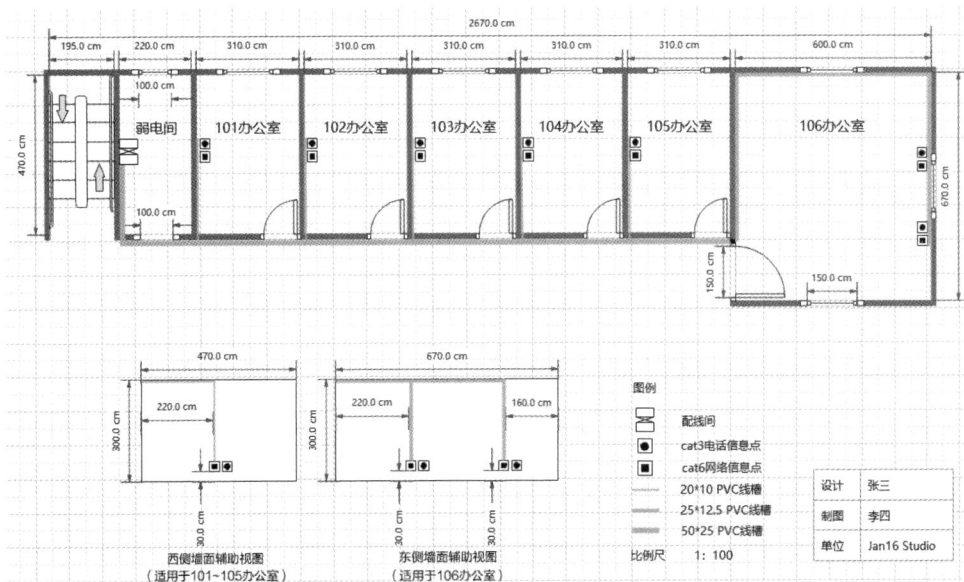

图 5-26　添加图例

项目实训

根据图 5-27 提供的信息绘制楼层水平布线图。

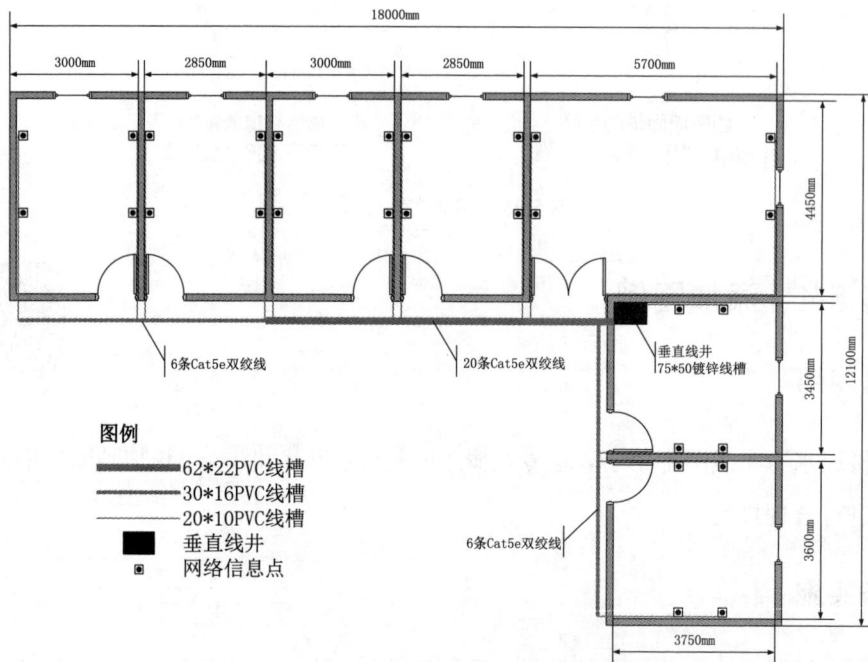

图 5-27　项目实训——楼层水平布线图

项目 6

绘制网络与光纤配线架

【项目学习目标】

（1）了解配线架的基础知识。

（2）掌握绘制 RJ45 端口的方法。

（3）掌握为端口编号的规则。

项目背景

某公司所租赁办公室的装修工作即将进入施工阶段，楼层水平布线图和房间水平布线图作为配线子系统布线路由的指导性文件，已通过甲乙双方的评审。接下来将展开楼层管理间的布局设计工作。通常情况下，楼层管理间是配线子系统和干线子系统的连接节点，管理间内的设备主要包括配线设备（如配线架、理线架等）、网络设备（如交换机、路由器、服务器和出口网关等）、监控设备（如硬盘录像机）和语音设备（如功率放大器）等。管理间需要借助机柜对不同类型的设备进行收纳整理，同时解决设备的供电和散热问题。工程师已经接到机柜设计任务，需在对管理间进行施工前将设计图纸交付客户。

项目需求分析

在机柜设计图的绘制规范中，网络配线架和光纤配线架属于管理间机柜中的配线设备。由于亿图图示软件的符号库暂未内置这两种配线架的专属符号，因此需要根据行业惯例进行绘制，同时把成品存储至"我的库"，用于制作后续的机柜设计图。配线架示意图可以通过以下两种方式获得。

（1）通过拍摄实物获得资料，并以此为依据制作电子版图纸。

（2）网络搜索配线架的相关图片资料，并以此为依据制作电子版图纸。

绘制网络配线架与光纤配线架的工作步骤如下。

（1）配置绘图环境，设置合适的图纸大小、比例尺和图层。

（2）根据 1U 机架式设备的标准尺寸（通常高度为 44.45mm），使用绘图软件的矩形工具或线条工具绘制配线架面板。

（3）根据 RJ45 端口的外观资料，使用线条工具绘制出端口的外形。

（4）使用绘图软件的文字工具，在配线架的适当位置添加标签。

相关知识

配线架是综合布线工程中用于实现电缆和光缆分类管理的核心设备，作为管理子系统中最重要的连接组件，它同时承担着连接干线子系统和配线子系统的枢纽功能。该设备通常安装在封闭式机柜或开放式机架中。在综合布线工程中，配线架可以针对所有线缆类型（如 UTP、STP、同轴电缆、光纤及音视频线缆等）进行分级管理。常用配线架类型为网络配线架和光纤配线架，其标准高度为1U，转换成国际标准度量单位为44.45mm。

网络配线架是主要用于管理连接机柜和信息点之间的网络通信电缆的模块化设备。配线电缆进入机柜后需预留 1～1.5m 的冗余长度，并根据机柜设计要求端接到网络配线架。机柜内应采用长度小于 1m 的预制跳线完成网络配线架与交换机之间的互联。网络配线架不仅能够通过标签信息实现日常管理，还起到保护交换机端口的作用，同时降低了配线子系统的维护成本。网络配线架如图 6-1 所示。

图 6-1 网络配线架

光纤配线架（Optical Distribution Frame，ODF）是主要用于管理连接机柜和信息点之间的光缆的模块化设备。随着网络集成度的持续提升，新一代集光纤配线架、数字配线架、电源分配单元于一体的光数混合配线架应运而生。其应用场景涵盖光纤到小区、光纤到大楼、远端模块及无线基站等配线系统，为光纤到户的规模化部署奠定了技术基础。光纤配线架如图 6-2 所示。

图 6-2 光纤配线架

项目实施步骤

通过网络搜索获取典型配线架的图片资料，如图 6-3 所示。

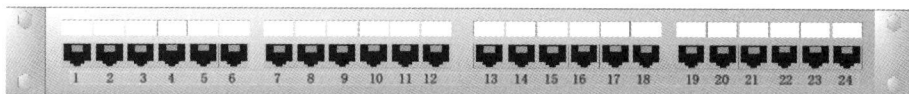

（a）网络配线架

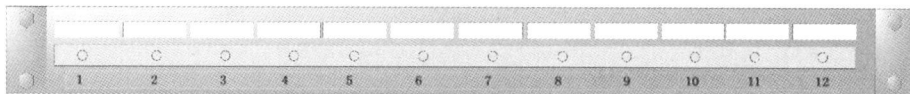

（b）光纤配线架

图 6-3 网络配线架与光纤配线架

绘制配线架示意图的具体步骤如下。

（1）绘制配线架示意图的基本框架（配线架面板）。

按照 1U 标准机柜设备高度绘制配线架面板（适用对象为符合 1U 标准高度的同类配线设备、网络设备、监控设备和语音设备）。

（2）绘制配线架正面图纸（配线架端口）。

配线架端口：用于网络设备连接的物理端口集合设备。常见的网络配线架通常为 24 端口，光纤配线架通常为 12 端口。

（3）添加编号（配线架标签、端口编号等）。

项目流程图如图 6-4 所示。

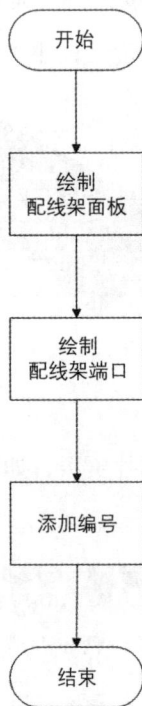

图 6-4　项目流程图

项目操作

任务 6-1　绘制高度为 1U 的配线架面板

任务规划

绘制 1U 标准高度的配线架面板，确保尺寸精确。实施步骤如下。

（1）创建图纸，调整页面设置。

（2）绘制配线架面板。

任务实施

1. 页面设置

打开亿图图示软件，新建空白绘图，在"设计"选项卡的"页面设置"组中单击右下角的按钮，弹出"页面设置"对话框，选中"预设页面大小"单选按钮，选择"A4 sheet，210 毫米×297 毫米"选项，并选择"页面方向"为"横向"，选择"页面缩放比例"为"1：20"，之后将"单位"设置为"厘米"，如图 6-5 所示。

（a）页面设置 1

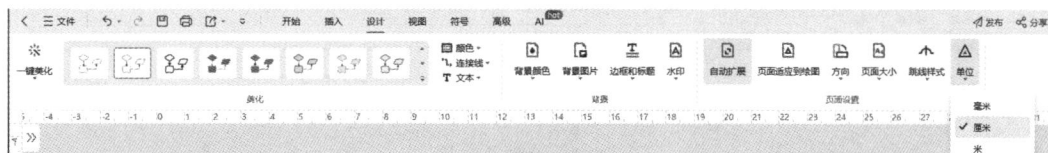

（b）页面设置 2

图 6-5　页面设置

2. 绘制面板

（1）选择"更多符号"→"常规"→"常用基本符号"→"基本绘图形状"选项，将"基本绘图形状"添加到"符号库"中，如图 6-6 所示。

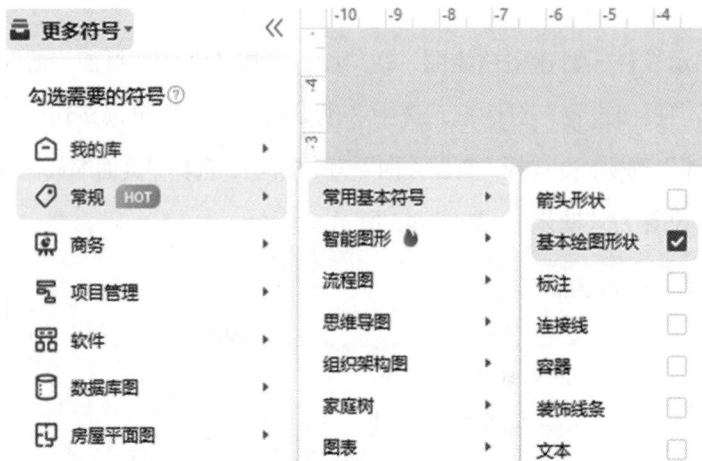

图 6-6　在"符号库"中添加"基本绘图形状"

（2）拖曳"长方形"符号到绘图区域，并将其宽度设置为 24cm，高度设置为 2.2cm，如图 6-7 所示；单击绘图区域的"长方形"，在右边的"填充"选项中单击"单色渐变填充"单选按钮，"颜色"选择灰色，"方向"选择从左到右渐变，如图 6-8 所示。

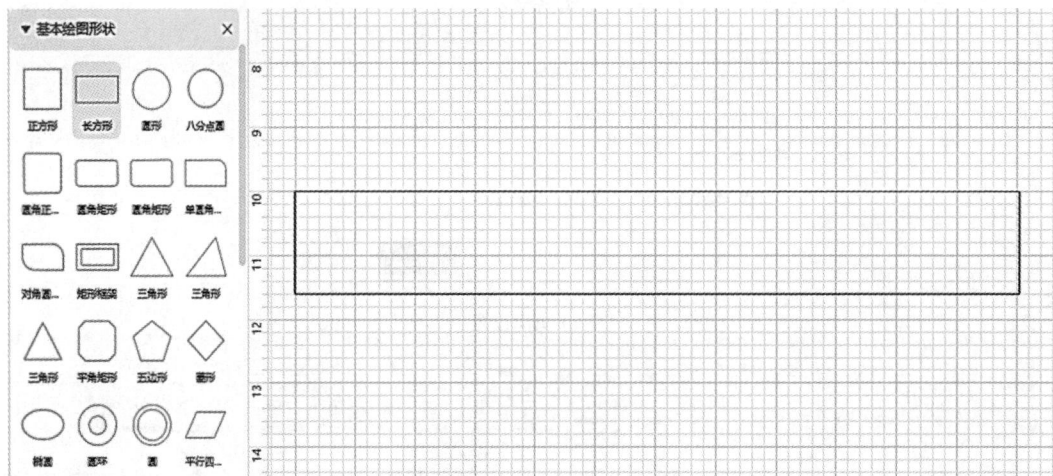

图 6-7　绘制长方形

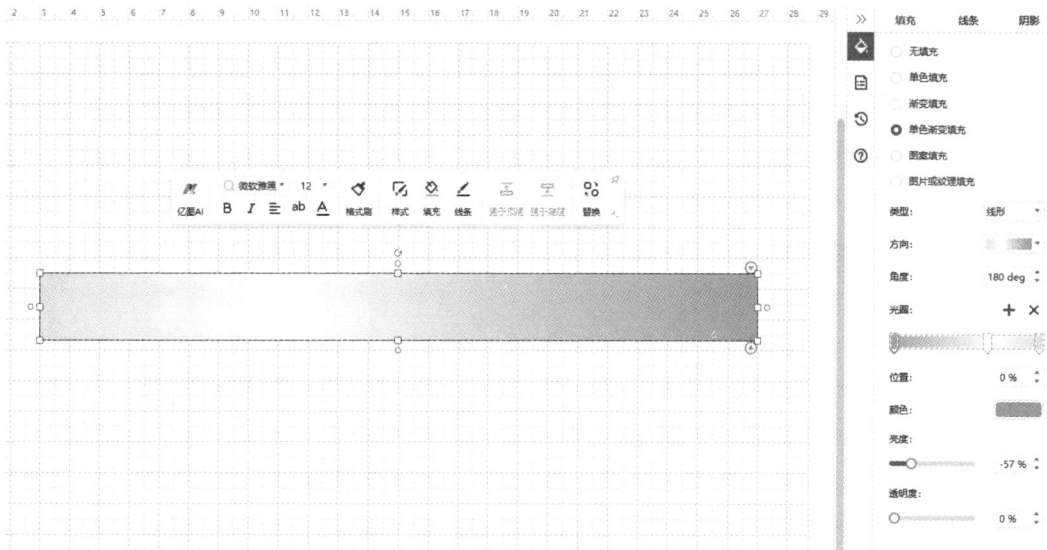

图 6-8 填充颜色

（3）拖曳两个"长方形"符号到绘图区域，并调整形状大小，再拖曳四个"六边形"符号到绘图区域，将其填充为浅灰色，并调整形状大小，与上方渐变色的长方形组合成"机架"。单击鼠标右键将此符号添加到"我的库"中，并命名为"配线架面板"，方便后期使用，如图 6-9 所示。

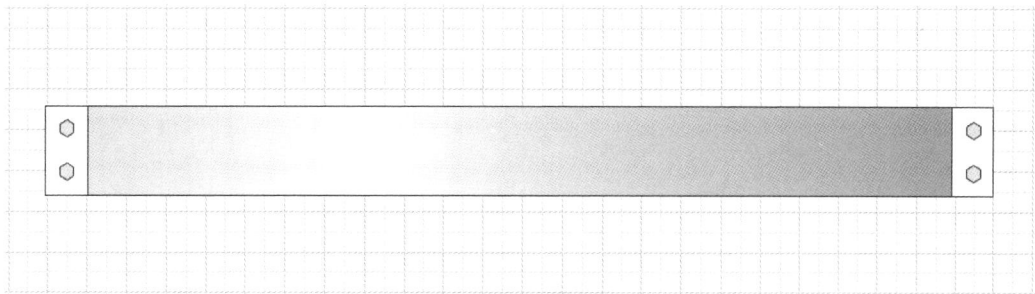

图 6-9 绘制"配线架面板"符号

任务 6-2 绘制 RJ45 端口

任务规划

绘制 RJ45
端口

创建用于连接计算机、交换机、路由器等网络设备的标准 8 位模块化接口（RJ45）。本任务为绘制 RJ45 端口，对照实物网络配线架完成端口排布。

91

任务实施

（1）拖曳"长方形"符号到绘图区域，调整其宽度为 0.8cm，高度为 0.6cm，如图 6-10 所示。

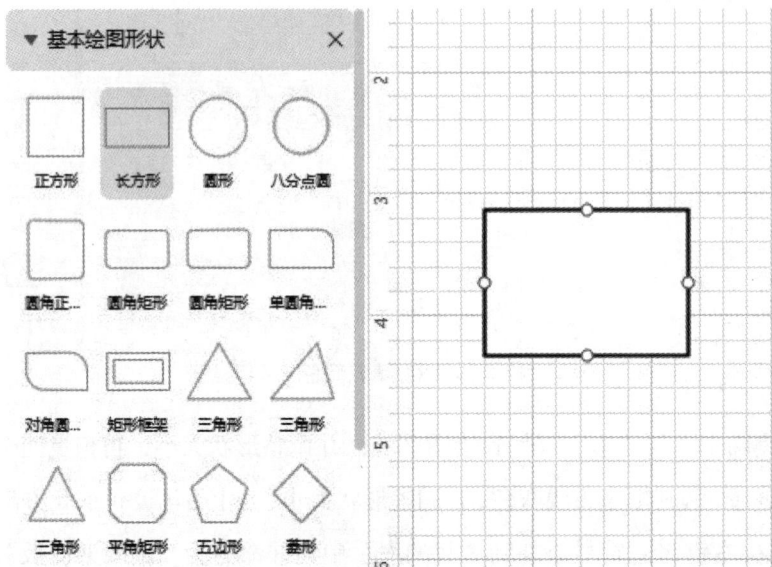

图 6-10　调整长方形大小

（2）再拖曳四个"长方形"符号到绘图区域，调整它们的大小并填充颜色，依次放置在最大的长方形内，完成"端口"的绘制，如图 6-11 所示。

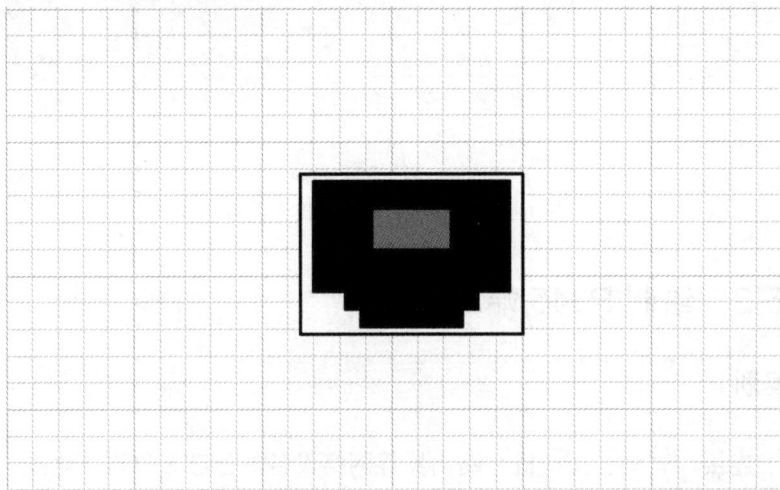

图 6-11　绘制"端口"

（3）复制"端口"符号，将 6 个"端口"符号连接成一排，之后将这一排"端口"符号复制三次，并排放置到"配线架面板"上，如图 6-12 所示。

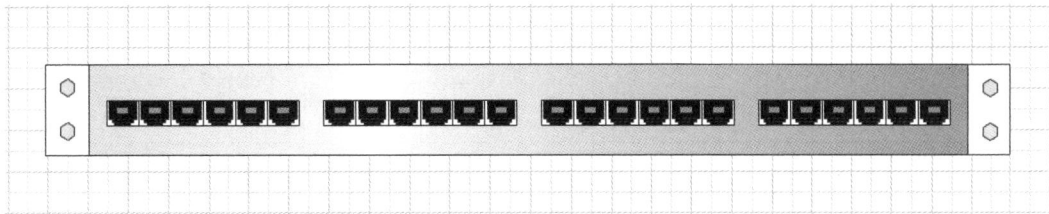

图 6-12   将"端口"排列在"配线架面板"上

（4）拖曳"长方形"符号到绘图区域，调整其宽度为 0.8cm，高度为 0.5cm，复制与"端口"相同的数量，并移动到"端口"上方，形成"端口标签"，如图 6-13 所示。

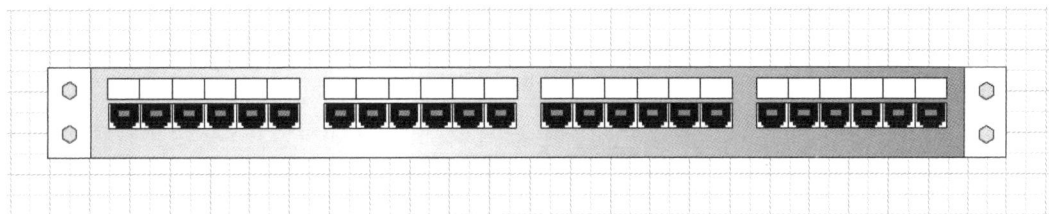

图 6-13   绘制"端口标签"

（5）拖曳"长方形"符号到绘图区域，调整其宽度为 21cm，高度为 0.4cm，并与"端口"对齐，设置"填充"为"无填充"，形成"端口序号栏"，如图 6-14 所示。

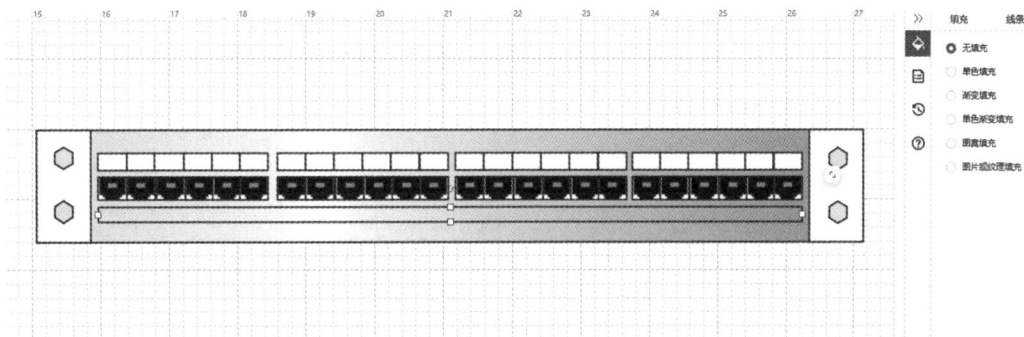

图 6-14   绘制"端口序号栏"

任务 6-3   添加端口标签和序号

任务规划

添加网络配线架端口标签并标注序号。

添加网络配线架
标签和端口编号

任务实施

（1）在"网络配线架"的"端口序号栏"中添加序号，如图 6-15 所示。

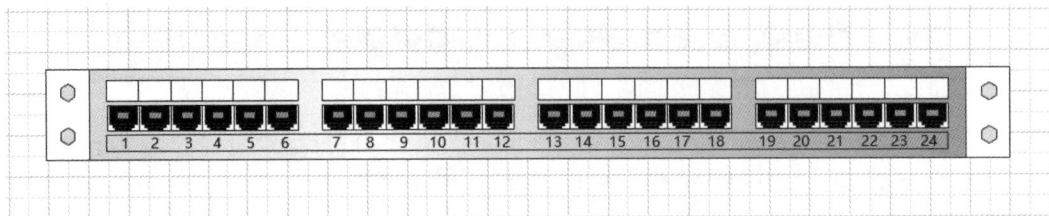

图 6-15　添加序号

（2）双击"1 号端口"上方的"标签"，输入相应端口的标签信息，如图 6-16 所示。

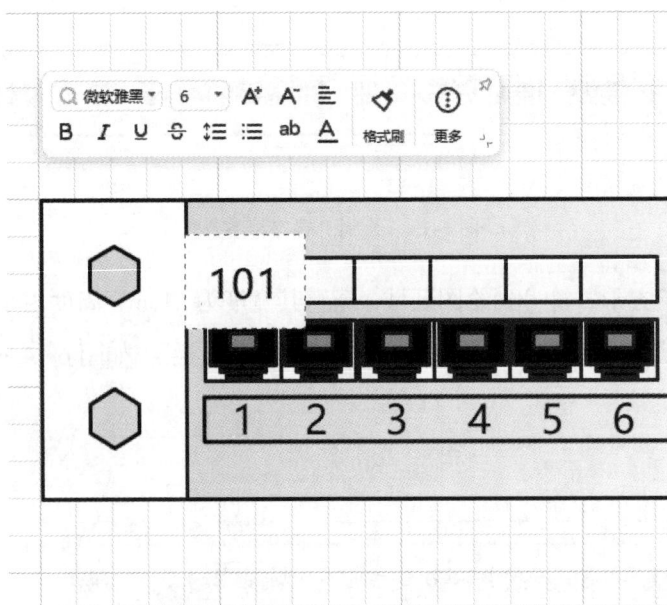

图 6-16　输入相应端口的标签信息

（3）重复以上操作，在所有"标签"上输入相应端口的标签信息，如图 6-17 所示。

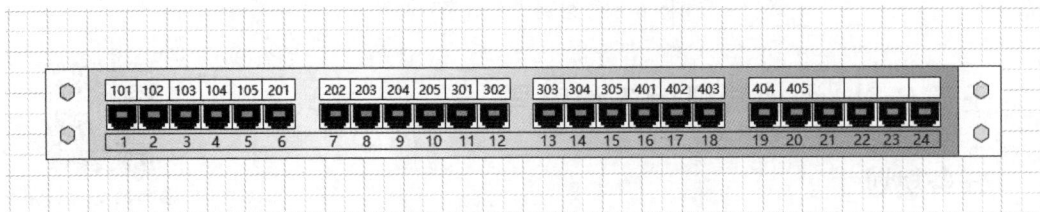

图 6-17　输入所有端口的标签信息

（4）在"开始"选项卡的"工具"组中单击"文本"按钮，单击"网络配线架"上方的空白绘图区域即可输入文本，输入"网络配线架"并调整字体大小，如图 6-18 所示

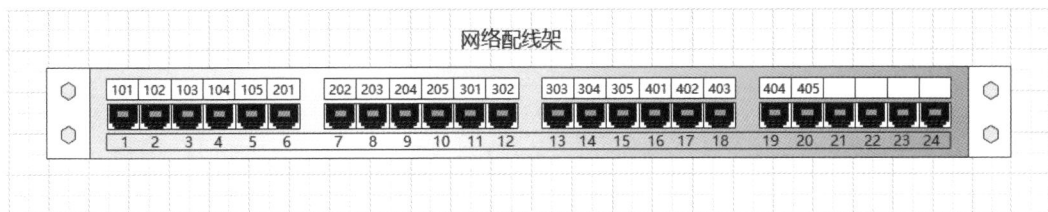

图 6-18　添加文本"网络配线架"

💡 项目实训

根据图 6-19 提供的信息绘制光纤配线架示意图。

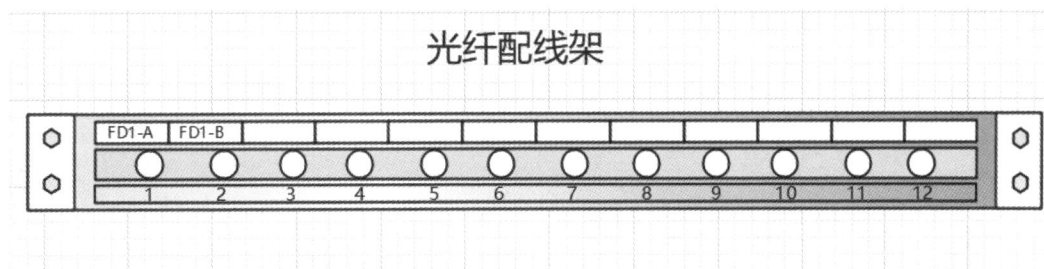

图 6-19　项目实训——光纤配线架示意图

项目 7

绘制 110 语音配线架

📖 【项目学习目标】

（1）了解 110 语音配线架的基本概念。

（2）了解 110 语音配线架的使用标准与规范要求。

（3）掌握绘制 110 语音配线架示意图的方法。

✏️ 项目背景

某公司基于商务部和销售部的高频通话业务需求，为所有工位配置固定电话。为保障语音通信系统的互联畅通，需在楼层管理间的机柜中配备 110 语音配线架。根据两个部门的人员规模测算，现配置 20 条语音线路，采用 25 对大对数线缆端接在楼层管理间的 110 语音配线架上。

⌛ 项目需求分析

110 语音配线架示意图可以通过以下两种方式获得。

（1）通过实物拍摄来获取资料，并以此为依据制作电子版图纸。

（2）网络搜索 110 语音配线架图片资料，并以此为依据制作电子版图纸。

绘制 110 语音配线架的工作步骤如下。

（1）配置绘图环境，设置合适的图纸大小、比例尺和图层。

（2）根据 1U 配线架面板式设备的标准尺寸（通常高度为 44.45mm），使用绘图软件的矩形工具或线条工具绘制出 110 语音配线架面板。

（3）在 110 语音配线架面板上，根据端口的外观资料，绘制语音端子。

（4）为语音端子添加必要的标注说明，如端口号、颜色编码等。

相关知识

110 语音配线架是主要用于管理连接楼层管理间、楼宇设备间和中心机房的语音通信线缆的模块化设备。常用的 110 语音配线架共有 100 个线对端口，高度规格为 1U，如图 7-1 所示。

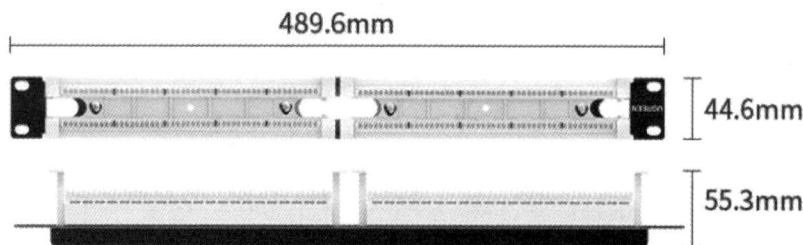

图 7-1　110 语音配线架

与 110 语音配线架配套使用的大对数线缆规格有 25 对大对数线缆、100 对大对数线缆、200 对大对数线缆和 300 对大对数线缆等。通常以 25 对大对数线缆为一组，线缆外皮采用主色"白、红、黑、黄、紫"加辅色"蓝、橙、绿、棕、灰"的交叉组合来区分线缆；100 对大对数线缆则采用 4 条标志线将其区分成 4 组 25 对大对数线缆；以此类推，200 对大对数线缆采用 8 条标志线将其区分成 8 组 25 对大对数线缆。

一组线缆为 25 对，以主色和辅色的组合来进行分组，共有 25 种组合方式，如图 7-2 所示。

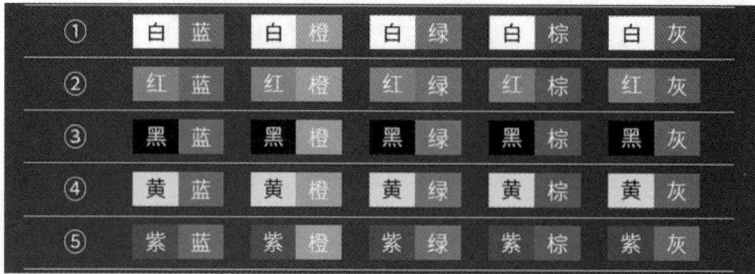

图 7-2　大对数线缆分组

 项目实施步骤

通过网络搜索获取典型 110 语音配线架的图片资料，如图 7-3 所示。

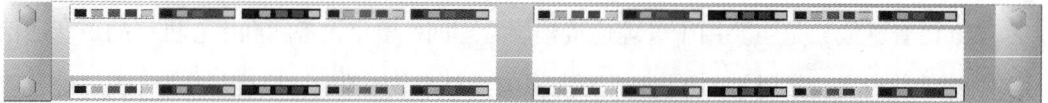

图 7-3　典型 110 语音配线架的图片

电话线敷设至楼层配线间的房间号对应表如表 7-1 所示。

表 7-1　电话线敷设至楼层配线间的房间号对应表

序号	房间号	序号	房间号	序号	房间号	序号	房间号
V-01	101	V-06	201	V-11	301	V-16	401
V-02	102	V-07	202	V-12	302	V-17	402
V-03	103	V-08	203	V-13	303	V-18	403
V-04	104	V-09	204	V-14	304	V-19	404
V-05	105	V-10	205	V-15	305	V-20	405

绘制 110 语音配线架示意图的具体步骤如下。

（1）绘制 110 语音配线架示意图的基本框架（配线架面板）。

按照 1U 标准机柜设备高度绘制 110 语音配线架面板（适用对象符合 IU 标准高度的

同类配线设备、网络设备、监控设备和语音设备）。

（2）绘制 110 语音配线架正面图纸（语音端子）。

110 语音配线架的语音端子：用于语音通信端口的标准化连接附件。常见的 25 对 110 语音配线架的语音端子通常分为 4 组，每组包含 25 个卡位。每组卡位上的色标卡依据语音端子的色标进行排列，具体方式是采用以 5 种主色（白、红、黑、黄、紫）作为底色，依次将 5 种辅色（蓝、橙、绿、棕、灰）按固定顺序自左向右与各主色进行搭配。

（3）添加编号（配线架标签、端口编号等）。

项目流程图如图 7-4 所示。

图 7-4　项目流程图

项目操作

任务 7-1　调用高度为 1U 的配线架面板

任务规划

绘制 110 语音
端子

调用高度为 1U 的配线架面板，实施步骤如下。

（1）创建图纸，调整页面设置。

（2）调用配线架面板。

任务实施

1. 页面设置

打开亿图图示软件，新建空白绘图，在"设计"选项卡的"页面设置"组中单击右下角的按钮，弹出"页面设置"对话框，选中"预设页面大小"单选按钮，选择"A4 sheet，210 毫米×297 毫米"，并选择"页面方向"为"横向"，选择"页面缩放比例"为"1：20"，设置"单位"为"厘米"，如图 7-5 所示。

图 7-5　页面设置

2. 调用面板

拖曳保存在"我的库"中的"配线架面板"到绘图区域，如图 7-6 所示。

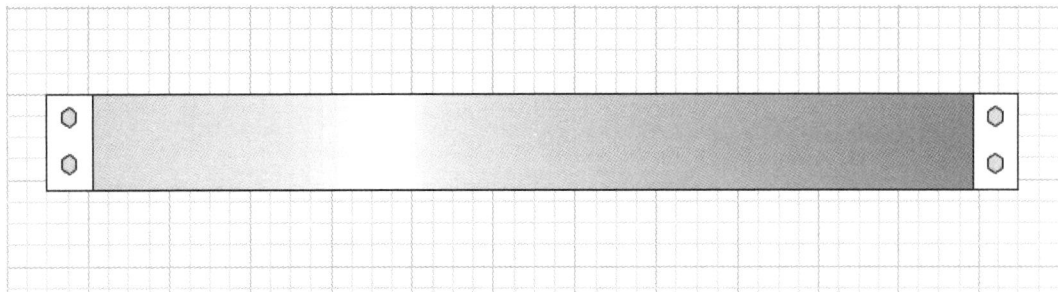

图 7-6　拖曳"配线架面板"到绘图区域

任务 7-2　绘制语音端子

任务规划

添加 110 语音
配线架标签

根据项目需求,绘制一组语音端子,确定所有语音端子的位置、颜色、数量和间距等,并使用长方形符号表示。

任务实施

(1)选择"更多符号"→"常规"→"常用基本符号"→"基本绘图形状"选项,将"基本绘图形状"添加到"符号库"中,如图 7-7 所示。

图 7-7　在"符号库"中添加"基本绘图形状"

(2)拖曳"长方形"符号到绘图区域,调整其宽度为 10cm,高度为 0.8cm,完成"端子面板"的绘制,如图 7-8 所示。

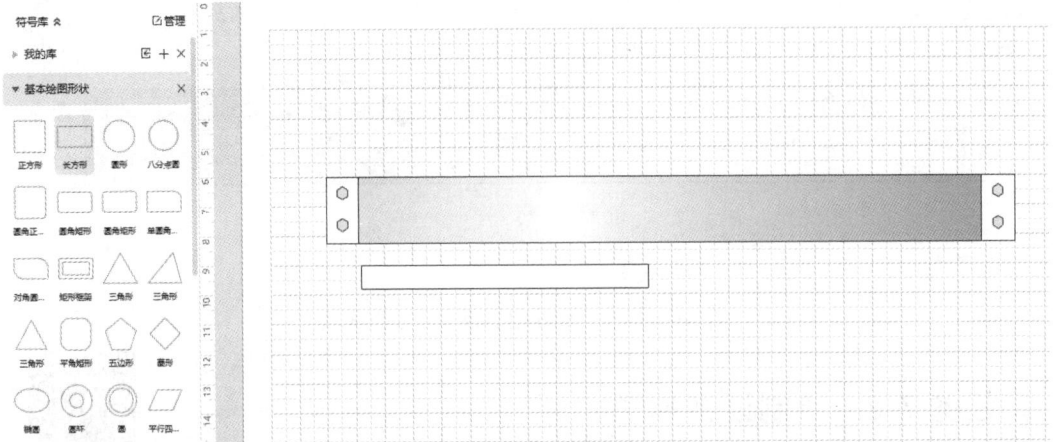

图 7-8　绘制"端子面板"

（3）拖曳"长方形"符号到绘图区域，调整其宽度为 1.8cm，高度为 0.6cm，完成"主色端子面板"的绘制，如图 7-9 所示。

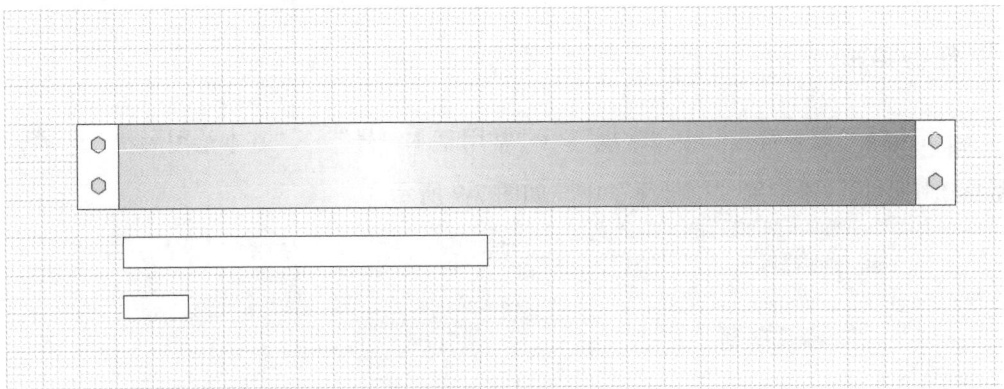

图 7-9　绘制"主色端子面板"

（4）将宽度为 1.8cm，高度为 0.6cm 的长方形向右拖曳，复制成 5 个大小相同的长方形，调整颜色为白、红、黑、黄、紫，并把 5 个不同颜色的"主色端子面板"放置到"端子面板"中，如图 7-10 所示。

（5）再次拖曳"长方形"符号到绘图区域，调整其宽度为 0.25cm，高度为 0.15cm，复制成 5 个大小相同的"辅色端子面板"，调整颜色为蓝、橙、绿、棕、灰，并以 5 个"辅色端子面板"为 1 组再复制成 5 组，分别放置到白、红、黑、黄、紫这 5 组"主色端子面板"中，如图 7-11 所示。

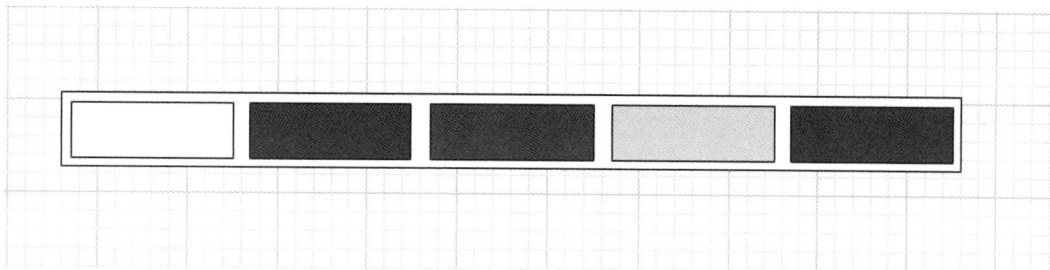

图 7-10　将"主色端子面板"放置到"端子面板"中

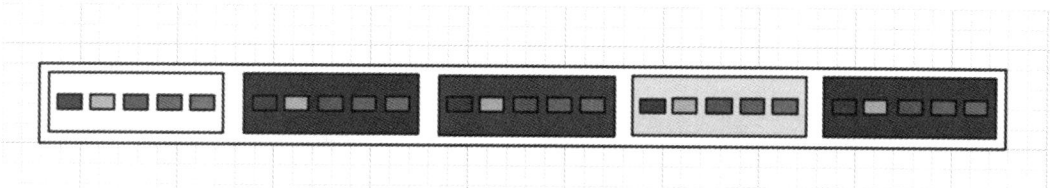

图 7-11　绘制"辅色端子面板"

（6）以"端子面板"为 1 组，再复制成 4 组分别放置到"配线架面板"的 4 个角落，如图 7-12 所示。

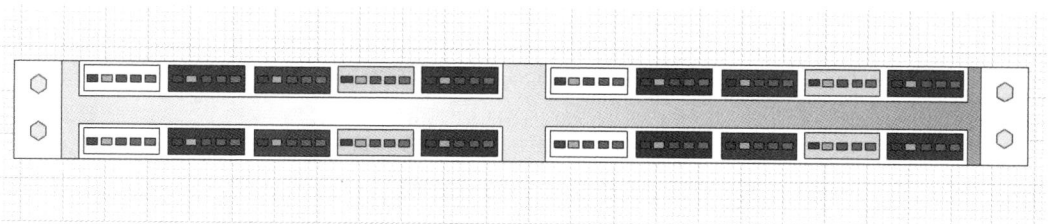

图 7-12　将"端子面板"放置到"配线架面板中"

（7）拖曳两个"长方形"符号到绘图区域，调整其宽度为 10cm，高度为 2.2cm，分别移动到"配线架面板"的左右两边，设置为"端子面板"的背景，如图 7-13 所示。

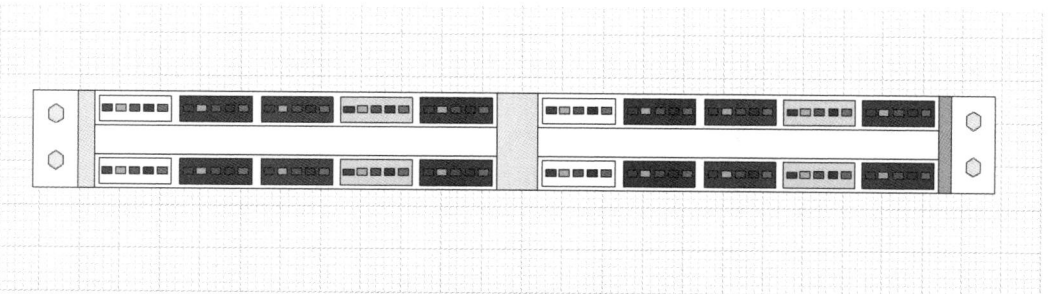

图 7-13　绘制"端子面板"背景

任务 7-3　添加编号

任务规划

绘制语音端子标签。主要步骤是，首先在 Excel 表中输入标签，然后复制到配线架面板上。

任务实施

（1）在 Excel 表中输入标签 V-01~V-05，并调整单元格大小，如图 7-14 所示。

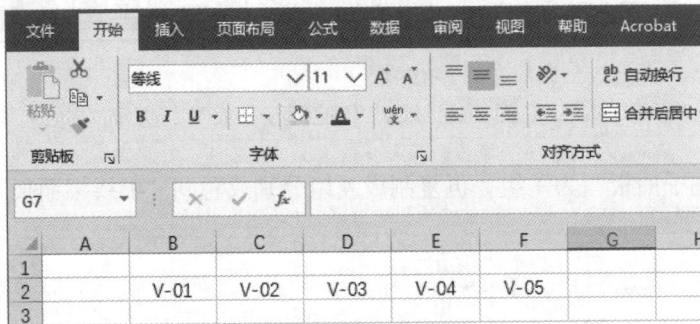

图 7-14　在 Excel 表中输入标签

（2）复制这 5 个单元格，在绘图区域单击鼠标右键，选中"粘贴"选项中的"保留文本源格式"单选按钮，如图 7-15 所示。

图 7-15　将标签选择性粘贴到绘图区域

（3）调整"标签"大小并放置于"端口"下方，如图 7-16 所示。

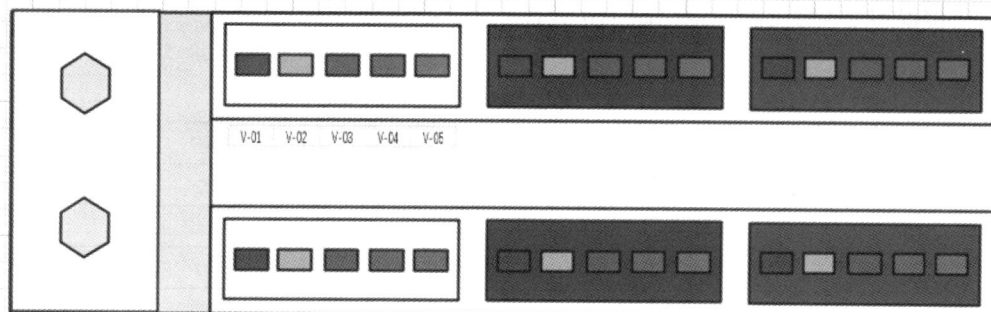

图 7-16　将"标签"放置于"端口"下方

（4）重复以上操作，完成标签 V-06～V-10 的绘制，粘贴到"配线架面板"的"端口"下方，如图 7-17 所示。

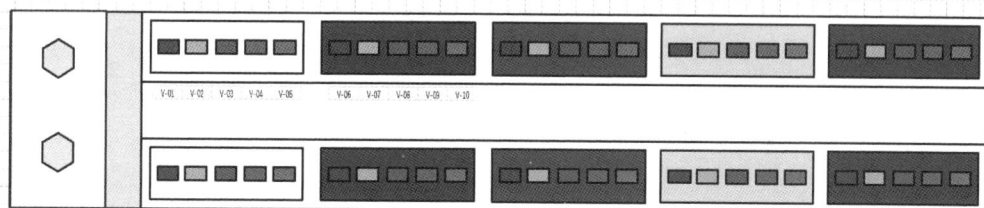

图 7-17　绘制"标签"

（5）在"开始"选项卡的"工具"组中单击"文本"按钮，单击绘图区域中的"配线架面板"的上方，即可输入文本，输入"110 语音配线架"并调整字体大小，如图 7-18 所示。

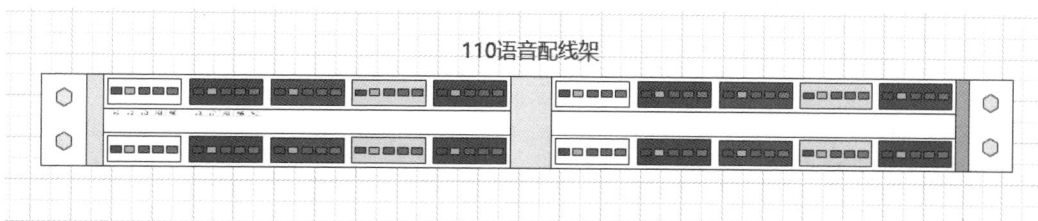

图 7-18　添加文本"110 语音配线架"

根据表 7-2 提供的信息绘制 110 语音配线架示意图。

表 7-2　110 语音配线架标签

序号	房间号	序号	房间号	序号	房间号
V-01	301	V-09	401	V-17	501
V-02	302	V-10	402	V-18	502
V-03	303	V-11	403	V-19	503
V-04	304	V-12	404	V-20	504
V-05	305	V-13	405	V-21	505
V-06	306	V-14	406	V-22	506
V-07	307	V-15	407	V-23	507
V-08	308	V-16	408	V-24	508

项目 8

绘制机柜安装示意图

【项目学习目标】

（1）了解机柜的类型与用途。

（2）了解机柜内部的结构与布局。

（3）掌握设备的安装与配置方法。

（4）掌握绘制机柜安装示意图的方法。

项目背景

某公司办公点需要在楼层配线间进行布线施工，随后即可完成与商务办公大楼网络架构的对接。

项目需求分析

（1）公司的办公楼层共有 30 个房间，房间编号为 101～130，每个房间敷设 6 条超五类非屏蔽双绞线（Unshielded Twisted Pair，UTP），用于连接房间信息点与楼层交换机。

（2）目前该楼层的所有房间均采用暗敷布线方式进行布线施工，并通过走廊通道顶部的金属桥架将线缆连接到楼层配线间 FD1，并预留 10 米的冗余长度。

（3）楼宇配线间 BD1 采用 1 条 4 芯室内单模光纤敷设到该配线架，并预留 10 米冗余长度（垂直部分）。其中楼宇配线间 BD1 的光纤链路安装在 BD1 的光纤配线架 V1 的 1～4 端口上，并设定 1 端口和 3 端口为发送光缆，2 端口和 4 端口为接收光缆。

（4）根据接入需求完成机柜内部的空间设计，并购置合适尺寸的机柜。

（5）依据需求调研结果购置配线架面板式交换机，接入交换机为网管型交换机，并配备 24 个百兆端口和 2 个千兆端口；汇聚交换机为网管型交换机，并配备 24 个千兆端口和 4 个单模光纤接口。

（6）每组交换机与配线架之间的端接需要按照布线规范配备一个理线架。

公司要求工程师整理相关需求，统计所需设备类型、型号、数量，制作端口映射表，并据此来绘制机柜安装示意图，主要步骤如下：

（1）配置绘图环境，设置合适的图纸大小、比例尺和图层。

（2）根据机柜的设计图纸与实际测量数据，确定机柜尺寸并绘制机柜的外形轮廓。

（3）根据网络规划需求，在机柜内部添加理线架、交换机、配线架等设备。

（4）在机柜框架图的相应位置添加设备标签，并添加必要的说明文字，便于后续的安装施工和日常管理维护工作。

相关知识

8.1　机柜

机柜是用来集成安装面板、插件、插箱、电子元器件、机械部件、服务器、网络存储设备、供电模块和接地装置等配件或设备，按照功能需求进行整合分类管理的载体。根据机柜的功能和应用场景分类，主要可分为服务器机柜、壁挂式机柜、网络机柜、标准机柜、智能防护型室外机柜等类型。在综合布线工程中，常见类型为服务器机柜、壁挂式机柜及标准机柜，机柜内容量范围为 4U～42U。常见尺寸规格的机柜实体图如图 8-1 所示。

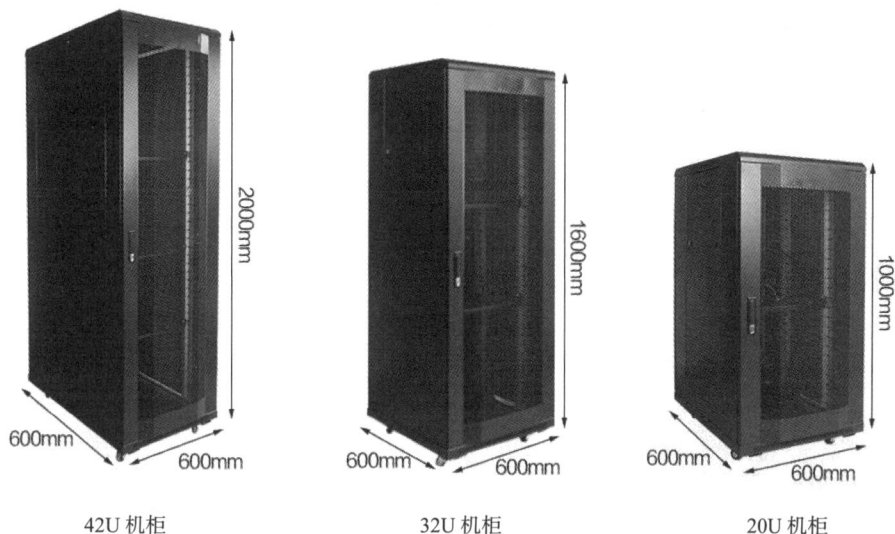

42U 机柜　　　　　　　　32U 机柜　　　　　　　　20U 机柜

图 8-1　常见尺寸规格的机柜实体图

8.2　网络机柜

网络机柜及网络设备使用统一的标准高度单位 "U"，它是表示配线架面板式服务器高度的单位，1U 就是 44.45mm。常见的 "1U 的个人计算机服务器" 就是外形满足 EIA 规范要求、高度为 44.45mm 的标准配线架面板服务器。配线架面板服务器的宽度为 19 英寸，高度以 U 为单位（1U=1.75 英寸=44.45 毫米），通常有 1U、2U、3U、4U、5U、6U、7U 等多种标准尺寸的服务器。

机柜结构需依据设备性能和使用环境，开展必要的物理设计与优化，以确保其具备良好的刚度和强度。机柜具备增强电磁屏蔽效果、降低工作噪声、减少占地面积的优势。此外，网络机柜还拥有抗振动、抗冲击、耐腐蚀、防尘、防水、防辐射等特性，用以保障设备稳定可靠地运行。高档机柜还配备空气过滤功能，有助于提升精密设备的工作环境质量。网络机柜便于操作、安装和维修，也便于生产、组装、调试和包装运输，并且能够保障使用者的操作安全。许多工程级设备的面板宽度被定义为 19 英寸，因此 19 英寸机柜是最常见的标准机柜。网络机柜主要用于存放路由器、交换机、配线架等网络设备和配件，其深度一般小于 800mm，宽度通常为 600mm 或 800mm，前门采用透明钢化玻璃门，对散热和环境的要求相对较低。

8.3　服务器机柜

服务器机柜是专门用于安装服务器、显示器、UPS 等网络设备和非 19 英寸标准尺寸设备的机柜。其技术参数需满足深度、高度、承重等方面的要求，机柜标准宽度为 600mm，深度通常大于 900mm。由于机柜内部设备存在高发热问题，所以标准配置的前后门均采用带通风孔的六边网孔门。

项目实施步骤

绘制机柜安装示意图的具体步骤如下。

（1）绘制机柜的框架图（页面设置、机柜框架）。

（2）将交换机和配线架按照规划设计安装到机柜中。

（3）为机柜内的所有设备添加标签说明。

项目流程图如图 8-2 所示。

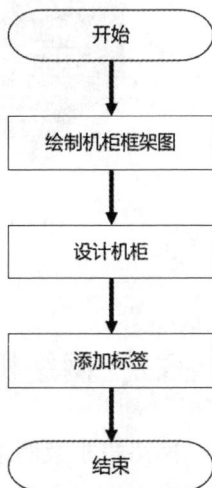

图 8-2　项目流程图

项目操作

任务 8-1　绘制机柜框架图

任务规划

绘制机柜框架图

根据设计要求，绘制机柜框架图，主要步骤如下。

（1）创建图纸，调整页面设置。

（2）绘制机柜框架图，能够清晰地展示机柜内部的空间布局，包括设备的安装位置、线缆的走向等。

任务实施

1．页面设置

打开亿图图示软件，新建空白绘图，在"设计"选项卡的"页面设置"组中单击右下角的按钮，弹出"页面设置"对话框，选中"预设页面大小"单选按钮，选择"A4 sheet，210 毫米×297 毫米"选项，并选择"页面方向"为"纵向"，选择"页面缩放比例"下拉列表中的"1∶20"，设置"单位"为"厘米"，如图 8-3 所示。

图 8-3　页面设置

2．绘制机柜框架

（1）选择"更多符号"→"常规"→"常用基本符号"→"基本绘图形状"选项，将"基本绘图形状"添加到"符号库"中，如图 8-4 所示。

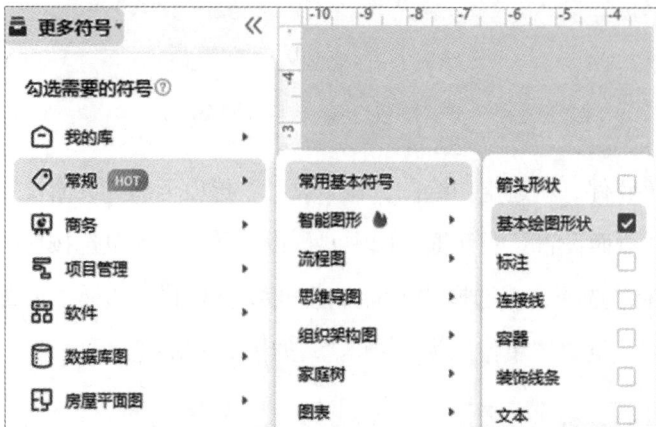

图 8-4 在"符号库"中添加"基本绘图形状"

（2）拖曳三个"长方形"符号到绘图区域，调整其大小，高度分别设置为 17cm、14cm、14cm，对应的宽度分别设置为 13cm、11.25cm、10cm，在中间长方形的 4 个顶点处分别画垂线，连接到最外侧长方形的上下两条边上，形成一个 12U 的"机柜框架"，如图 8-5 所示。

图 8-5 绘制 12U 的"机柜框架"

（3）选中外部的两个长方形，单击"填充"选项卡下的"渐变填充"单选按钮，选择"类型"为"线性"，选择"角度"为"90 deg"，选择"颜色"为灰色，如图 8-6 所示。

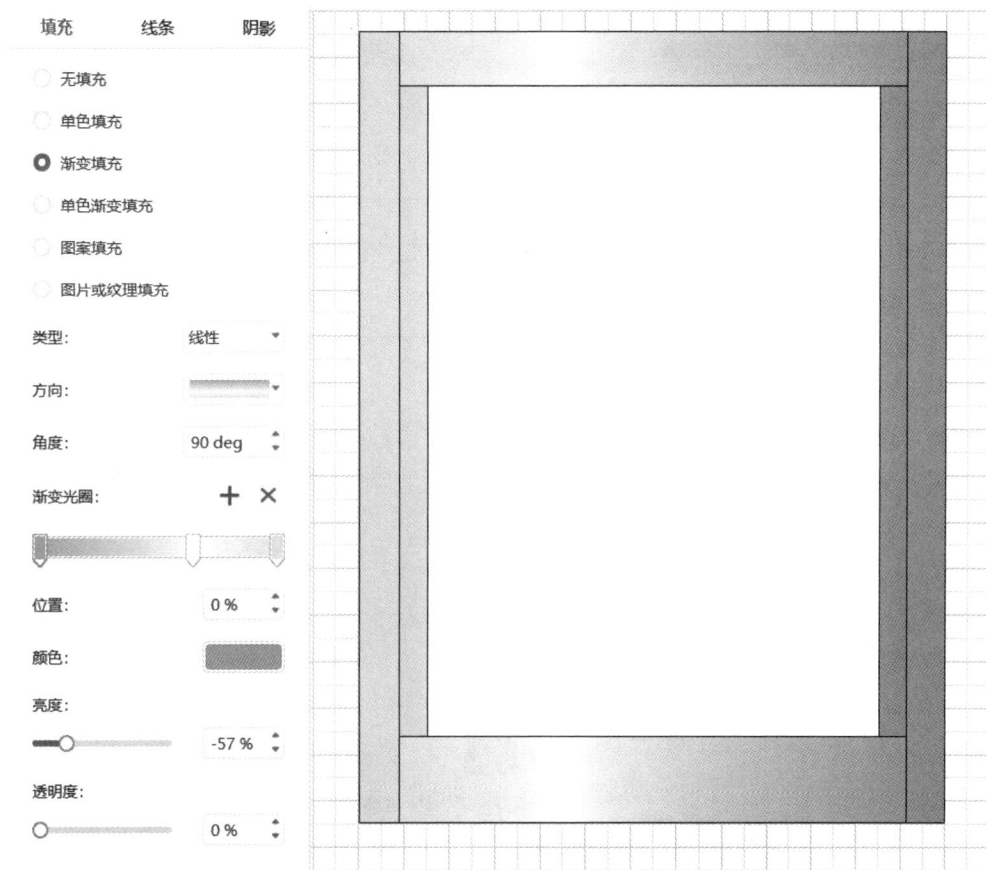

图 8-6　调整框架

3. 绘制立柱

（1）拖曳"长方形"符号到绘图区域，调整其高度为 1.1cm，宽度为 0.5cm，绘制成"螺丝孔位背景"，如图 8-7 所示。

（2）拖曳三个"长方形"符号到绘图区域，调整其宽度和高度均为 0.3cm，再拖曳一个宽度和高度均为 0.15cm 的"长方形"符号到绘图区域，并与中间的图形进行组合，将所有图形的颜色填充为黑色，调整位置到上方的"螺丝孔位背景"中，作为一组"机柜螺丝孔"，如图 8-8 所示。

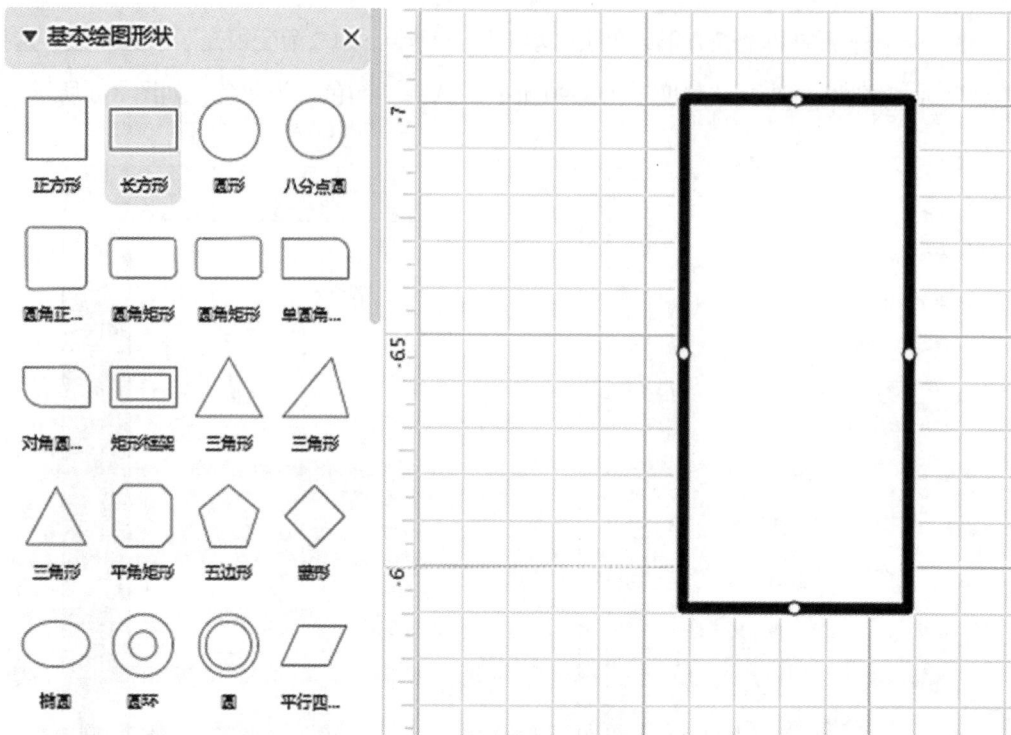

图 8-7 绘制"螺丝孔位背景"

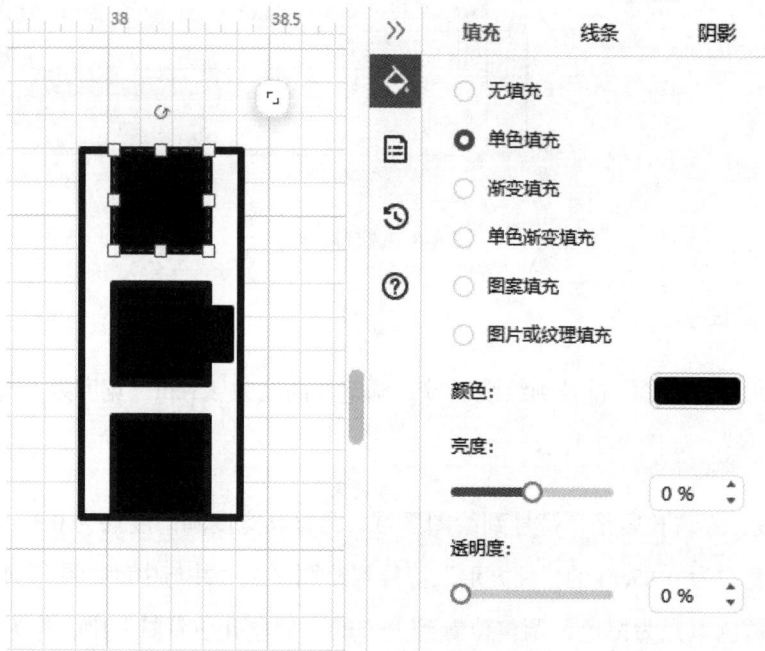

图 8-8 绘制一组"机柜螺丝孔"

（3）选中外部的"长方形"，选中"填充"选项卡下的"无填充"单选按钮，选中"线条"选项卡下的"无线条"单选按钮，隐藏螺丝孔位背景，如图 8-9 所示。

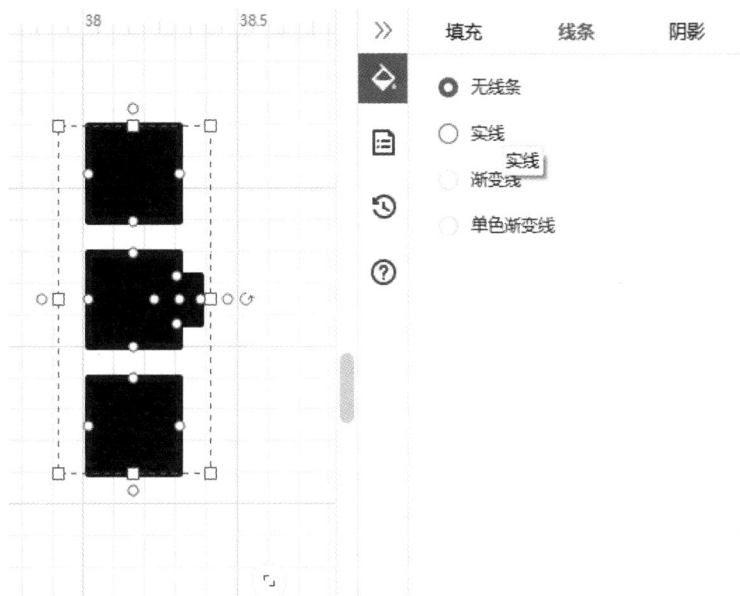

图 8-9 隐藏螺丝孔位背景

（4）将上方绘制完成的一组"机柜螺丝孔"拖曳到"机柜"右下角并对齐，如图 8-10 所示。

图 8-10 将"机柜螺丝孔"拖曳到"机柜"右下角

（5）重复复制"机柜螺丝孔"，用 12 对"机柜螺丝孔"将"机柜"内部两侧"立柱"全部填满，如图 8-11 所示。

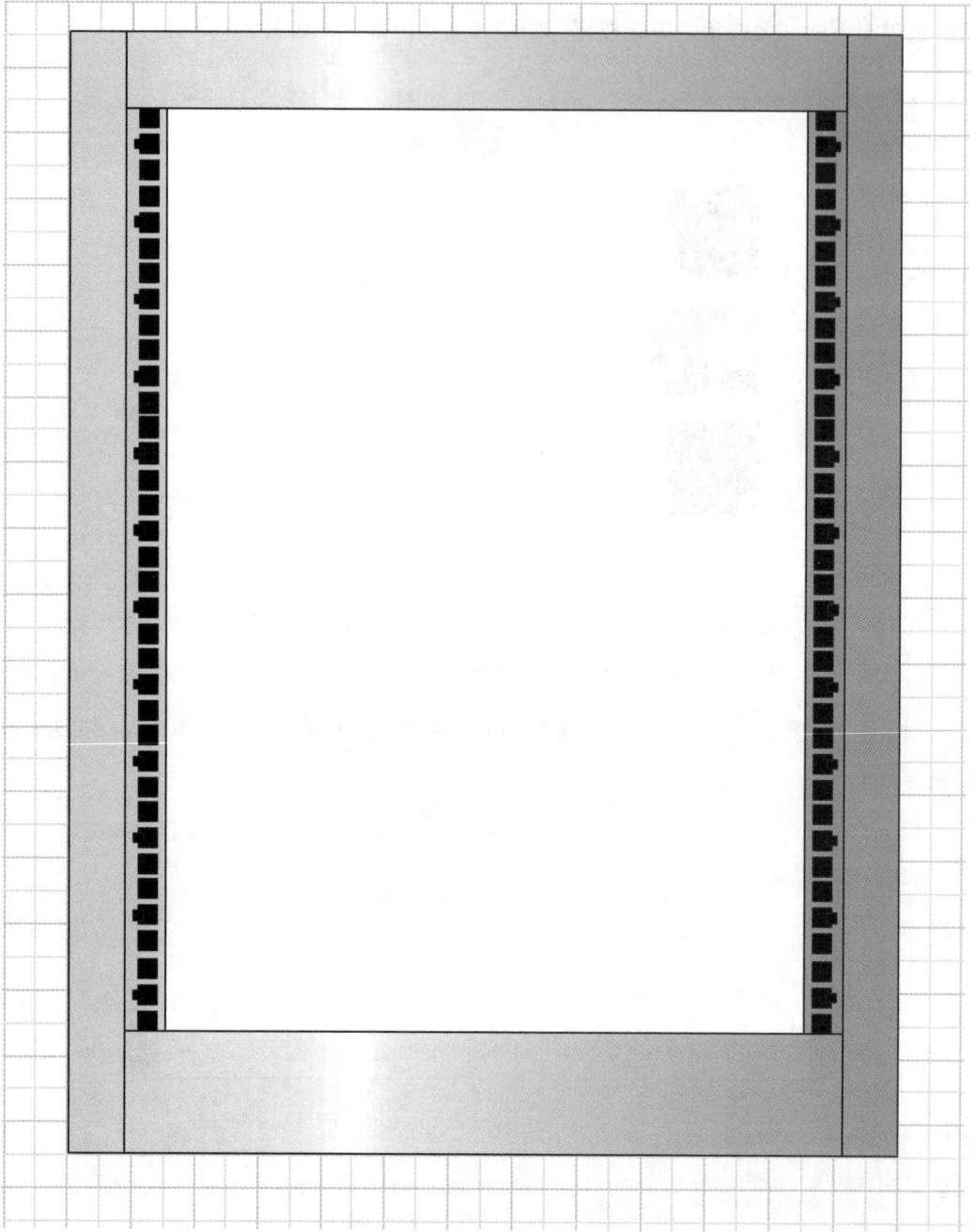

图 8-11　完成 "机柜螺丝孔" 的绘制

任务 8-2 添加机柜内部设备

添加理线架、交
换机、配线架

任务规划

在机柜中部署包括交换机、配线架和理线架等设备，确保配线间能够承担综合布线工程中网络节点的数据传输功能。主要任务是，将绘制好的设备图形按照设计布局放置到机柜框架图中，注意设备之间的距离和相互之间的连接关系。

任务实施

（1）拖曳"交换机"符号到绘图区域，调整其大小后放置于"机柜"第 7U 的 2/3 高度处，如图 8-12 所示。

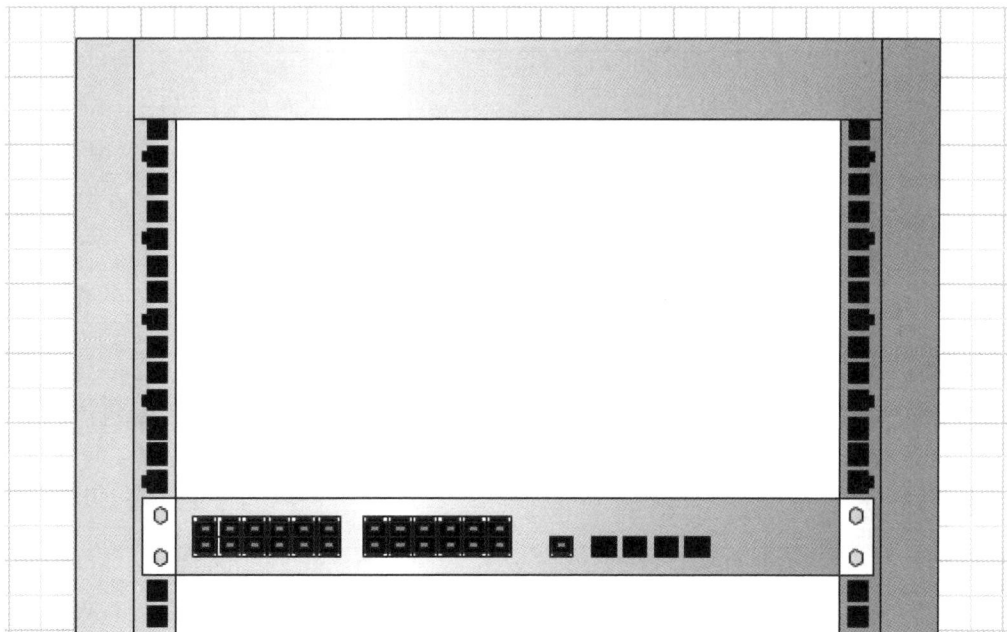

图 8-12　添加"交换机"到"机柜"内

（2）拖曳三个"配线架面板"符号到绘图区域，分别放置于"机柜"第 8U 的 2/3 高度处、第 6U 高度处、第 3U 的 2/3 高度处，如图 8-13 所示。

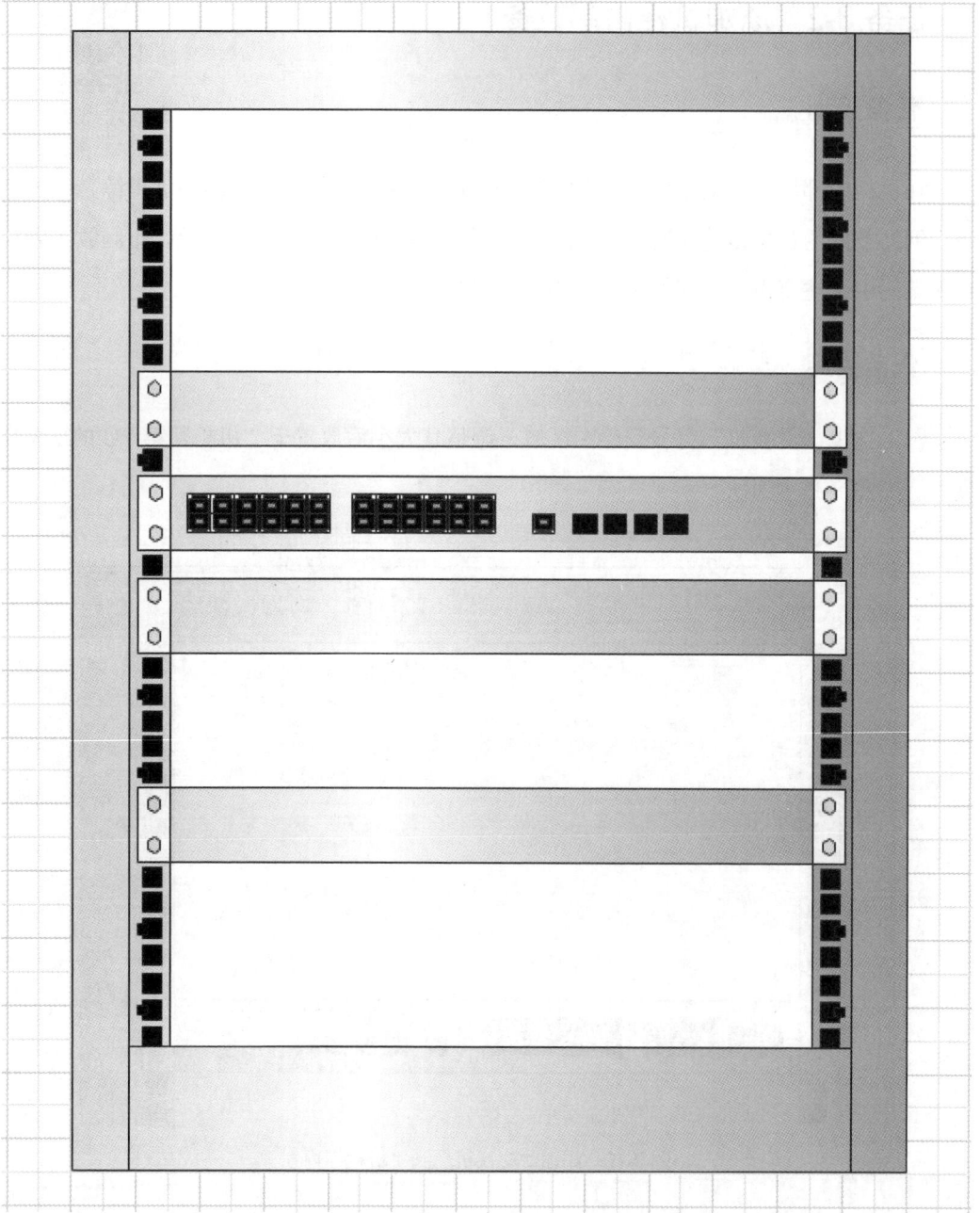

图 8-13　添加"配线架面板"到"机柜"内

　　（3）将"光纤配线架"放置于"机柜"第 11U 高度处，将"网络配线架"放置于"机柜"第 5U 的高度处，将"110 语音配线架"放置于"机柜"第 2U 的高度处，如图 8-14 所示。

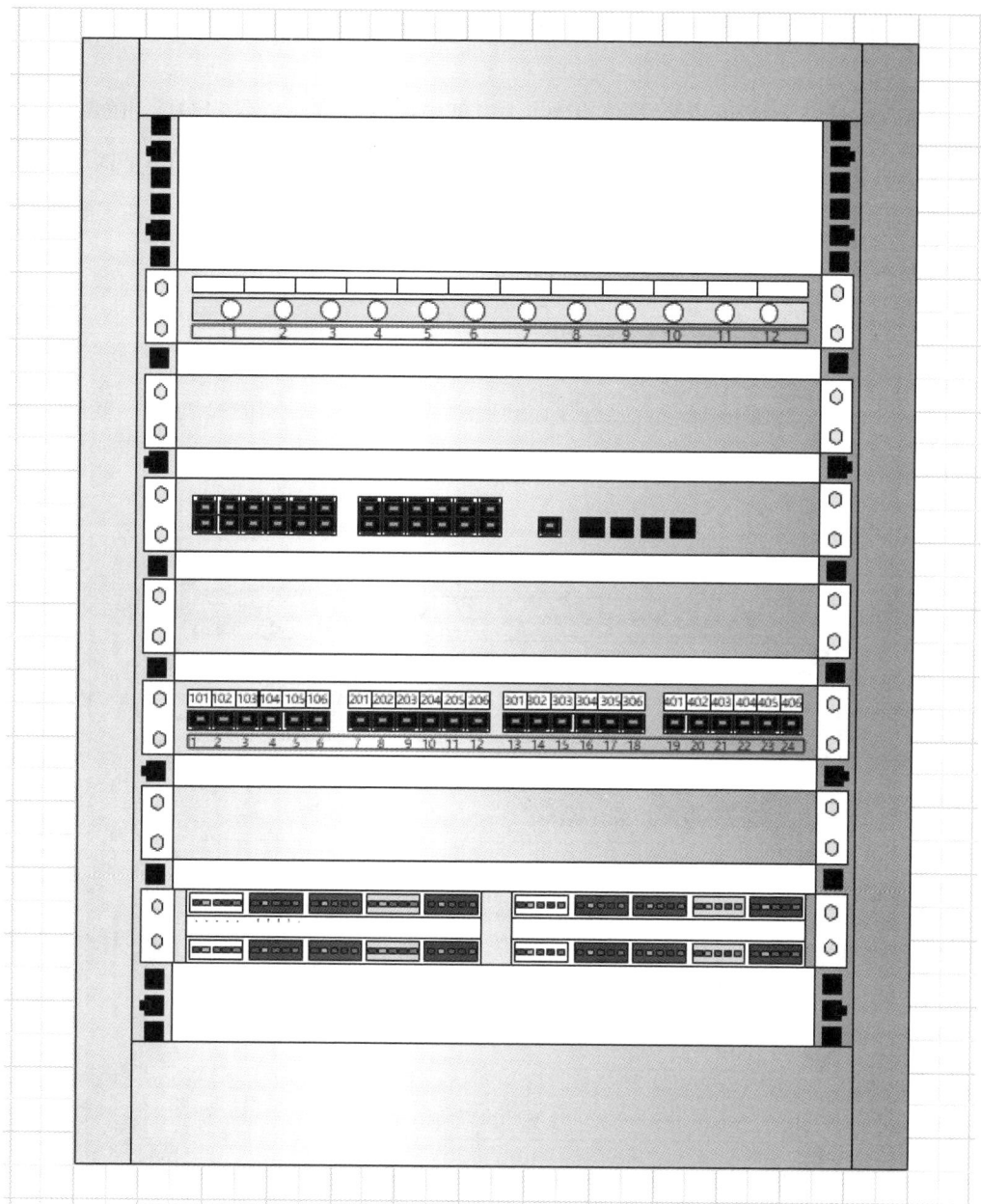

图 8-14 添加配线架到"机柜"内

任务 8-3 添加设备标签和说明

任务规划

为设备添加详细的专业标签和说明，确保信息正确且易于识别。

添加设备标签
和说明

任务实施

（1）为所有设备添加标签，在"机柜"上方的中间位置输入文本"FD1"，在"交换机"左侧位置输入文本"S1"，在"光纤配线架"左侧位置输入文本"F1"，在"网络配线架"左侧位置输入文本"D1"，在"110语音配线架"左侧位置输入文本"V1"，在"配线架面板"中输入文本"理线架"，以此类推，补充完整，如图8-15所示。

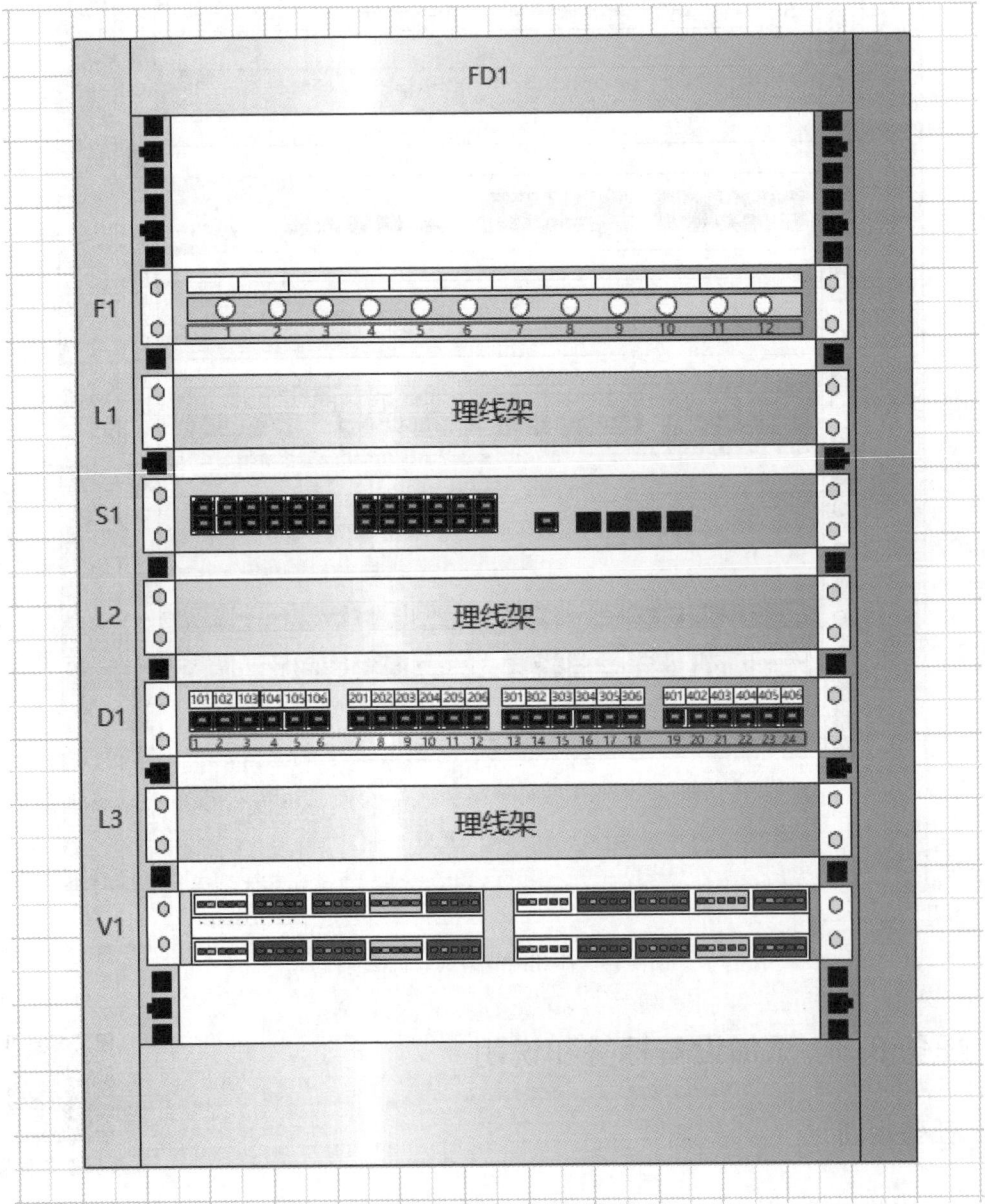

图8-15　添加设备标签

（2）在绘图区域的右下角添加说明，如图 8-16 所示。

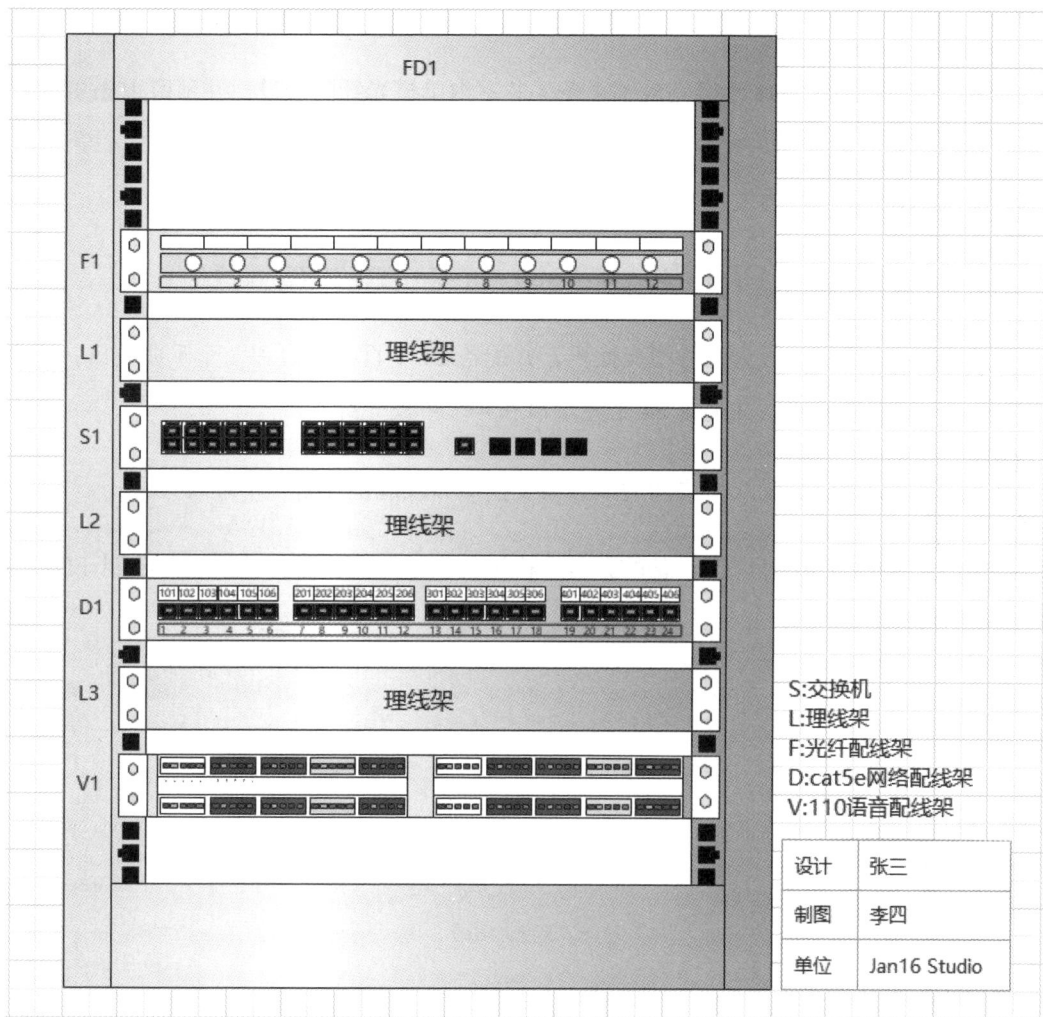

图 8-16　添加说明

项目实训

项目背景如下。

（1）某楼宇有 3 个楼层，每个楼层均有 7 个房间，每个房间敷设 4 条超五类非屏蔽双绞线，用于实现房间信息点与楼层交换机的相互连接。

（2）当前工程已经完成配线子系统施工，各房间线缆采用暗敷布线方式端接到信息点上，并通过走廊顶部的金属桥架将线缆全部连接到各个楼层配线间 FD1，并预留 10m 冗余长度。

（3）楼宇配线间 BD1 已经完成了 1 条 4 芯室内单模光纤的敷设，并预留 10m 冗余长度（垂直部分）。其中楼宇配线间 BD1 的光纤已经端接在光纤配线架 V1 的 1～4 端口上，并设定 1 端口和 3 端口为发送光缆，2 端口和 4 端口为接收光缆。

（4）需要购置机柜，并将所有线缆（铜缆、光缆）端接在各个配线架上。

（5）接入交换机型号为网管型交换机，并配备 24 个百兆端口和 2 个千兆端口，汇聚交换机为网管型交换机，并配备 24 千兆端口和 4 个单模光纤接口。

（6）每组交换机与配线架之间的端接需要按照布线规范配备一个理线架。

根据项目规划，统计所需设备的数量和机柜的型号，制作端口映射表并绘制 FD1 的机柜安装示意图。

项目 9

绘制标识管理示意图

【项目学习目标】

（1）了解标识管理的重要性。

（2）掌握标识管理的基本原则。

（3）了解标识分类及其应用场景。

（4）掌握绘制设备连线和添加布线标识的方法。

项目背景

　　楼层管理间的设计施工完成后，根据商务大楼整体网络规划设计方案，完成楼层网络和楼宇网络的互联。公司要求工程师参考商务大楼标识管理规则，完善楼层管理间的所有标识，以便商务大楼通信网络的统一运维管理。为此需要工程师尽快提交标识管理示意图，并与商务大楼的网络管理方对接，做好入驻前的网络接入准备。

项目需求分析

标识管理示意图可以通过以下三种方式获得。

（1）拍摄机柜实体图，并以此为依据制作电子版图纸。

（2）通过对工程前期绘制的配线架示意图进行加工，制作电子版图纸。

（3）根据现场情况绘制草图，并以此为依据制作电子版图纸。

绘制标识管理示意图的工作步骤如下。

（1）根据项目图纸和设计文档，绘制详细的设备连线示意图，确保线缆的走向清晰、端口连接准确。

（2）根据商务大楼标识管理规范，设计楼层的综合布线标识系统，包括设备标识、线缆标识、区域标识等。

相关知识

9.1 标识管理

标识管理是针对管理间、设备间、进线间内的配线架、线缆、跳线及信息插座等设施，依据标准规则进行标识并形成记录，为网络维护管理提供便利。在关键岗位或重要区域设置标识，有助于提高工作效率、减少安全隐患。在综合布线工程中，标识主要用于分辨线缆的路由信息和端口信息，从而提高故障定位的速度和路由管理的效率。当项目投入使用后，若用户需要变更名称或编号，则必须及时制作名称变更对应表，并将其作为日常管理资料妥善保存。

9.2 标识原则

在综合布线工程中，施工人员需标识线缆路由的关键点位，包括连接信息插座的水平线缆两端、信息面板的端口、配线架背面的模块、配线架正面的端口和跳线的两端等。标识编制应按以下原则进行。

（1）规模较大的综合布线系统应采用专用的标识管理系统进行管理，简单的综合布线系统按图纸资料进行管理，并做到标识准确、便于查阅和及时更新。

（2）综合布线系统的每条线缆、每个配线设备、每个端接点、每个安装通道和空间均应配置唯一标识。标识应按约定规则生成，标识内容应包含名称、颜色、编号、字符组合等要素。

（3）在综合布线系统中，所有配线设备、线缆、信息插座，以及每根线缆的两端或永久链路的每个端接点，均应设置防脱落、耐磨损的永久性标识，并配套建立完整的书面记录和图纸档案，各类用途的配线区域应采用统一的色标进行区分。

9.3　标识分类

综合布线系统常用的三种标识分别为电缆标识、场标识和插入标识。

1. 电缆标识

电缆标识应设置在电缆的两端，其作用是标注电缆的来源与去向。电缆标识通常采用背面带有不干胶的白色纸质材料制成，使用时可直接粘贴到电缆外皮上。电缆标识的规格、尺寸和形状需根据现场实际情况确定。例如，若一条电缆从三楼的 331 房间的第 1 个网络信息点敷设至楼层管理间，那么该电缆配线架的正面端口应粘贴"331-01"的标识，在信息点的端口上方应粘贴"FD3-D1-11"的标识，其中，"FD3"表示三楼的楼层管理间，"D1"表示机柜中的第一个网络配线架，"11"表示配线架上的端口编号。典型的电缆标识如图 9-1 所示。

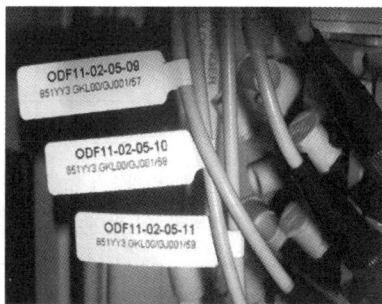

图 9-1　典型的电缆标识

2. 场标识

场标识应用于设备间、楼层管理间和进线间的管理器件上，用于标识不同器件所连接线缆的对应区域。场标识与电缆标识类似，也是采用背面带有不干胶的纸质材料制成，通常粘贴在机房设备的平整表面。典型的场标识如图9-2所示。

图 9-2　典型的场标识

3. 插入标识

插入标识通常在管理器件上采用不同色标来标识所连接电缆的物理拓扑来源，如数据配线架、110语音配线架或光纤配线架。综合布线系统对于插入标识的色标有较为统一的规定，如表9-1所示。

表 9-1　插入标识色标规定

色别	设备间	配线间（管理间）	二级交接间
蓝	设备间到工作区或用户终端的线路	连接配线间与工作区的线路	连接交换间与工作区的线路
橙	网络接口、多路复用器引来的线路	配线间多路复用器的输出线路	配线间多路复用器的输出线路
绿	电信部门的输入中继线或网络接口的设备侧	—	—
黄	交换机的用户引出线或辅助装置的连接线路	—	—
灰	—	二级交接间的连接电缆	配线间的连接电缆
紫	系统公用设备（如程控交换机或网络设备）的连接线路	系统公用设备（如程控交换机或网络设备）的连接线路	系统公用设备（如程控交换机或网络设备）的连接线路
白	干线电缆和建筑群间的连接电缆	设备间干线电缆的端接点	设备间干线电缆的点对点端接

项目实施步骤

在本项目中，工程师取得所有类型的配线架示意图，如图 9-3 所示。

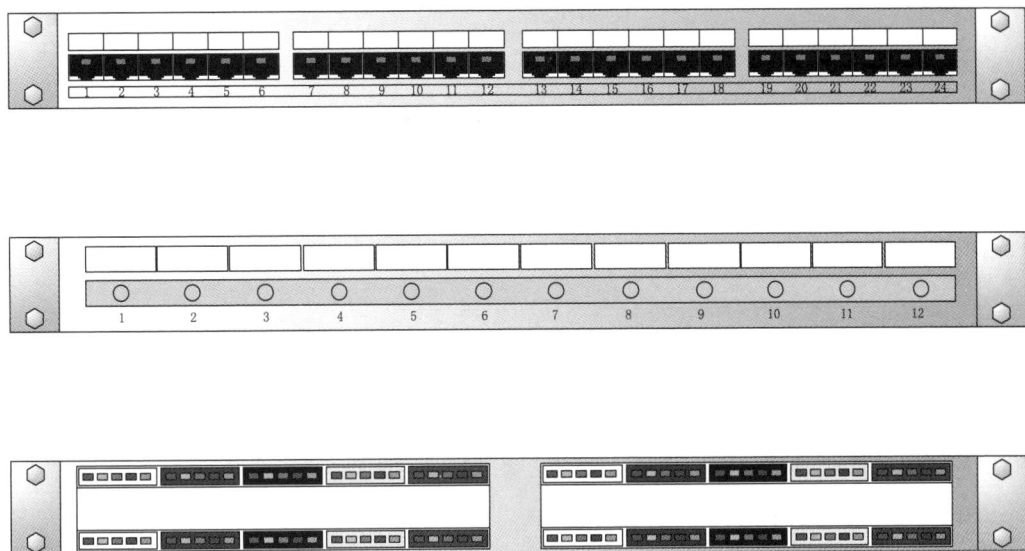

图 9-3 配线架示意图

工程师的任务是保证土建工程和综合布线工程能够尽量同步完成，楼层管理间和设备间的设计规划需提前完成。根据综合布线工程设计要求，机柜中的标识管理需要在保证当前使用功能的前提下，兼顾未来 10 至 15 年的发展规划。在完成机柜基础安装与设备部署后，应参考商务大楼的标识管理规范，美化管理间的布置，确保机柜内部井然有序，便于高效运维与未来扩展。主要步骤如下。

（1）设备互联（设备连线）。

（2）添加标识（标签制作等）。

项目流程图如图 9-4 所示。

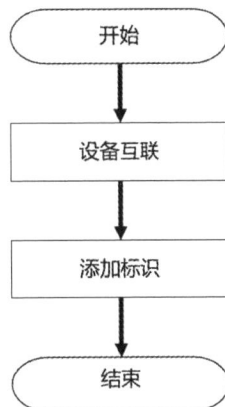

图 9-4 项目流程图

项目操作

任务 9-1　绘制设备连线

绘制设备连线

任务规划

根据绘制好的机柜示意图，确定各类设备在网络拓扑结构中的定位，进一步完善设备之间的连线。本任务主要为绘制设备之间的连线，以清晰展示各设备之间的连接关系与信息流向。

任务实施

（1）在亿图图示软件中，打开"机柜管理示意图"文件，在"开始"选项卡的"工具"组中单击"连接线"下拉按钮，选择"曲线连接线"选项，如图 9-5 所示。

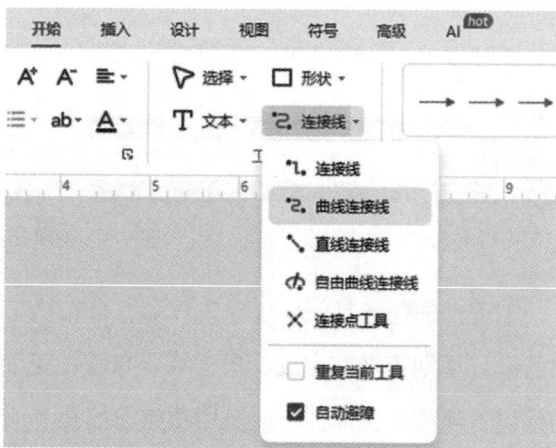

图 9-5　选择"曲线连接线"选项

（2）从"光纤配线架"的第一个端口上绘制一条曲线到"交换机"的第一个光端口上，并设置该线条的颜色为蓝色，宽度为 1.5 磅，终点箭头为 04，如图 9-6 所示。

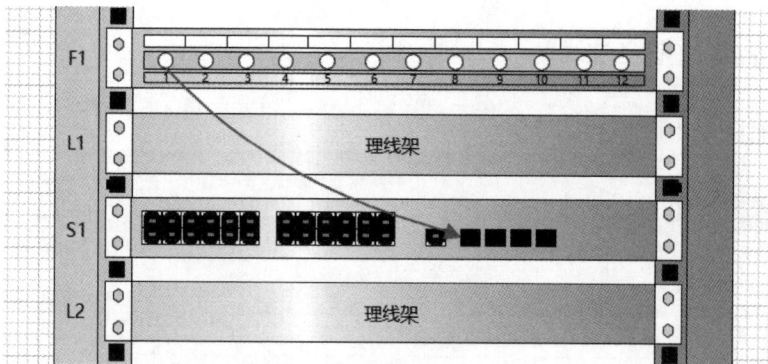

图 9-6　绘制"光纤配线架"到"交换机"的连接线

（3）从"交换机"的第一个光端口绘制一条曲线到"光纤配线架"的第二个端口上，并设置该线条的颜色为橙色，宽度为 1.5 磅，终点箭头为 04，如图 9-7 所示。

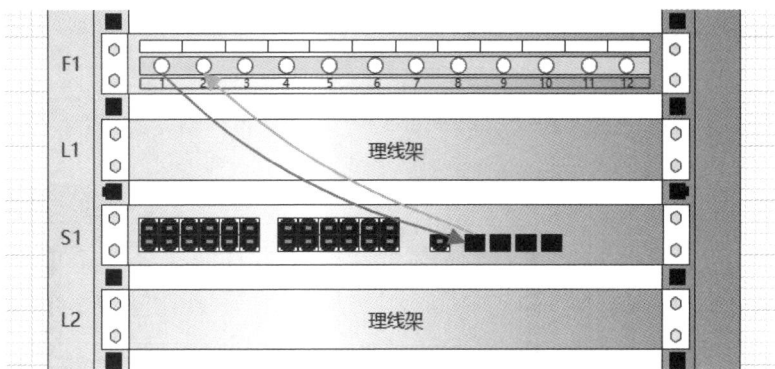

图 9-7　绘制"交换机"到"光纤配线架"的连接线

（4）从"交换机"的第一个网线端口绘制一条曲线到"网络配线架"的第一个端口上，并设置该线条的颜色为橙色，宽度为 1.5 磅，如图 9-8 所示。

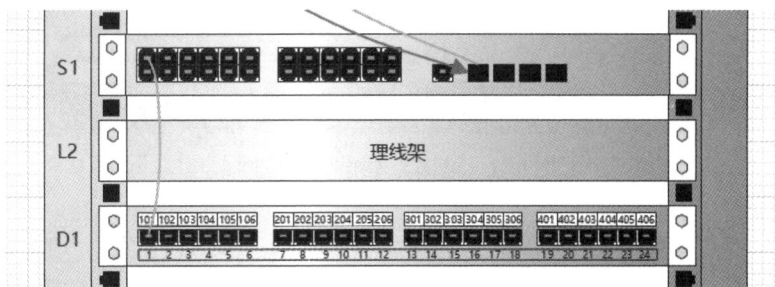

图 9-8　绘制"交换机"到"网络配线架"的连接线

（5）从"110 语音配线架"左上方的第一个端口绘制一条曲线到左下方的第一个端口上，并设置该线条的颜色为橙色，宽度为 1.5 磅，如图 9-9 所示。

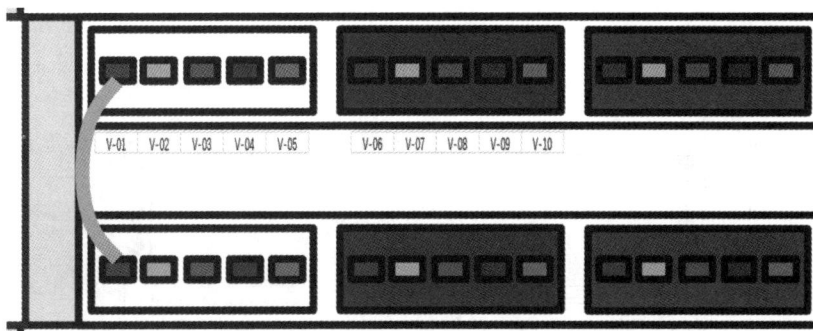

图 9-9　绘制"110 语音配线架"端口到端口的连接线

（6）从"网络配线架"的第一个端口绘制一条曲线到"机柜"外，并设置该线条的颜色为蓝色，宽度为 1.5 磅，在曲线末端绘制"信息点"，如图 9-10 所示。

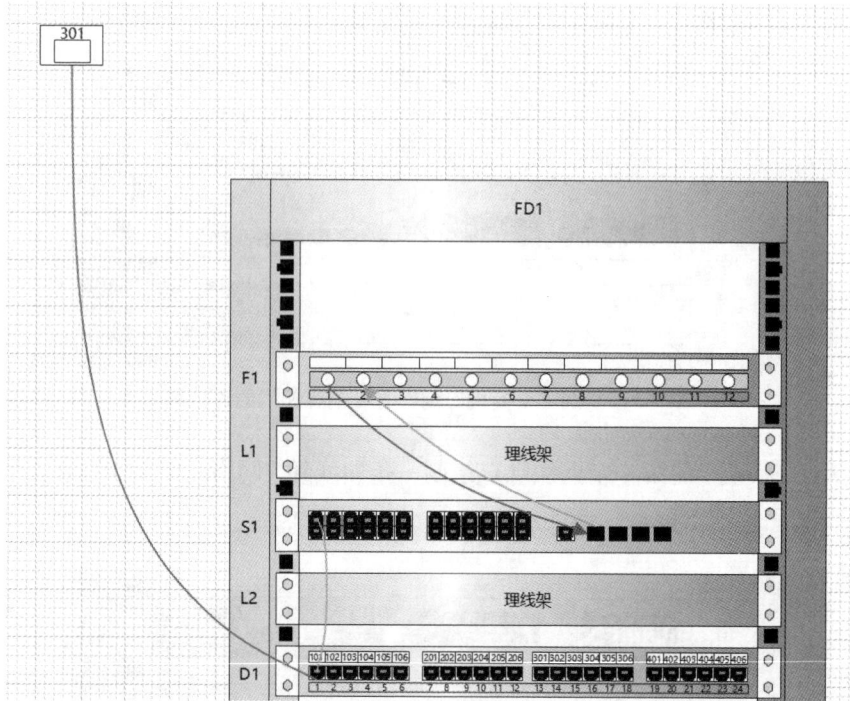

图 9-10　绘制并连接"信息点"

（7）从"光纤配线架"第二个端口绘制一条曲线到"交换机"外，并设置线条的颜色为蓝色，宽度为 1.5 磅，在曲线末端绘制"BD"，如图 9-11 所示。

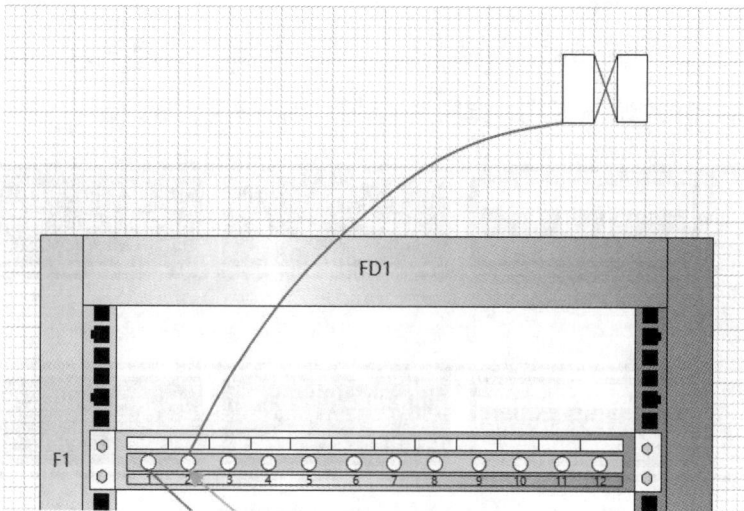

图 9-11　绘制并连接"BD"

（8）按住"Ctrl"键并单击三个"理线架"，在"开始"选项卡的"排列"组中单击"位置"下拉按钮，选择"置于顶层"选项，如图 9-12 所示。

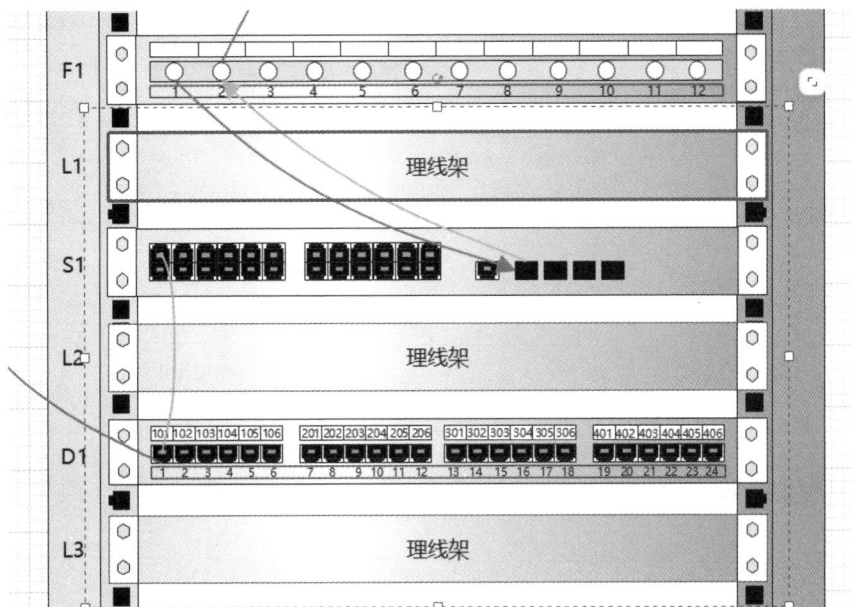

（a）选中三个"理线架"

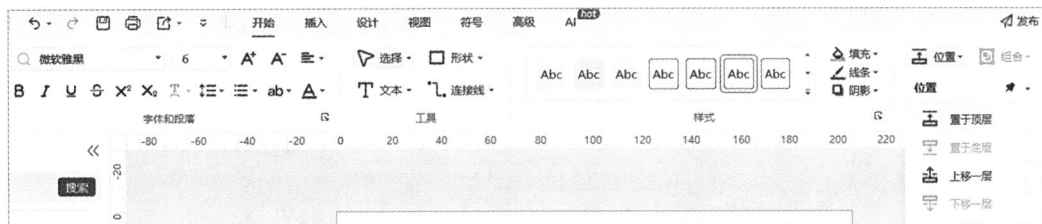

（b）选择"置于顶层"选项

图 9-12 调整"机柜"中的"理线架"

任务 9-2 添加综合布线标识

任务规划

绘制综合布线系统的布线标识及线缆标识。

添加综合布线标识

任务实施

（1）在左侧的"更多符号"中搜索"对象标注"，并将其粘贴到楼宇配线间 BD 的曲线上，并输入标识内容"BD1-F1-1-FD1-F1-1"，如图 9-13 所示。

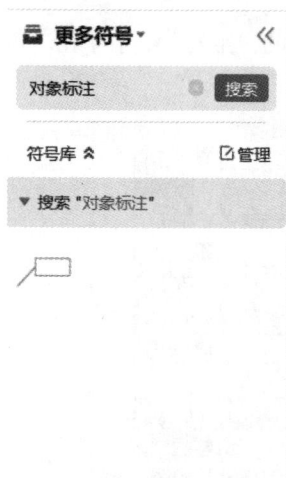

（a）搜索"对象标注"　　　　　　　　　　（b）添加标识

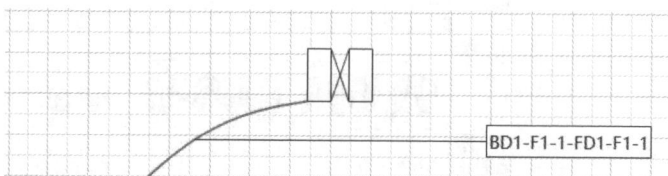

图 9-13　在楼宇配线间 BD 的曲线上添加标识

（2）重复以上操作，使用"对象标注"组成线缆标识，如图 9-14 所示。

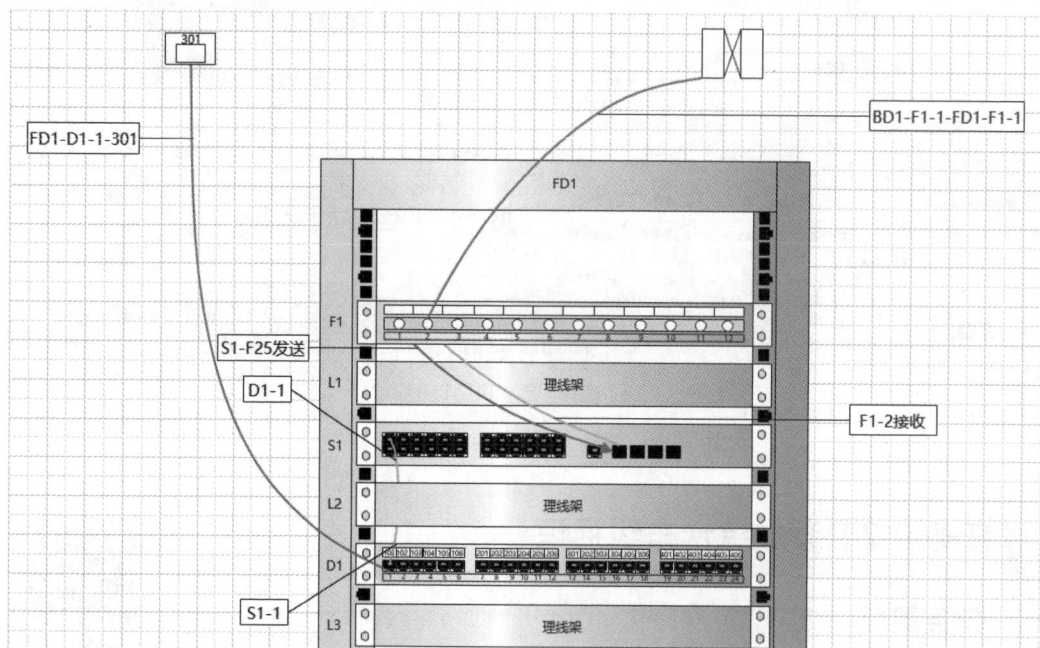

图 9-14　添加线缆标识

（3）在左侧的"更多符号"中搜索"球形标注"，并输入文本"工作区信息面板标识"，单击该线条，选择"线条"→"虚线"→"08"选项，如图 9-15 所示。

（a）搜索"球形标注"

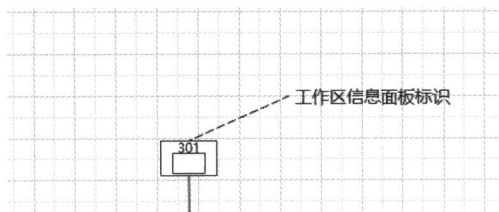
（b）输入文本

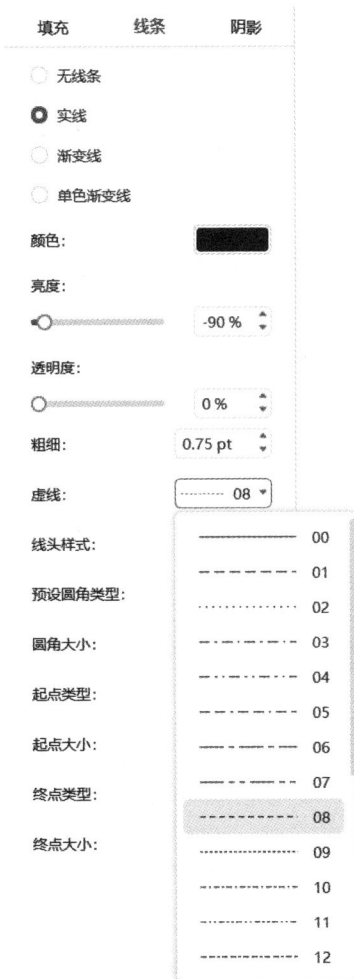
（c）设置线条

图 9-15　添加标识

（4）重复以上操作，制作综合布线系统中所有的标识，如图 9-16 所示。

（5）在绘图区域的右下角添加说明，如图 9-17 所示。

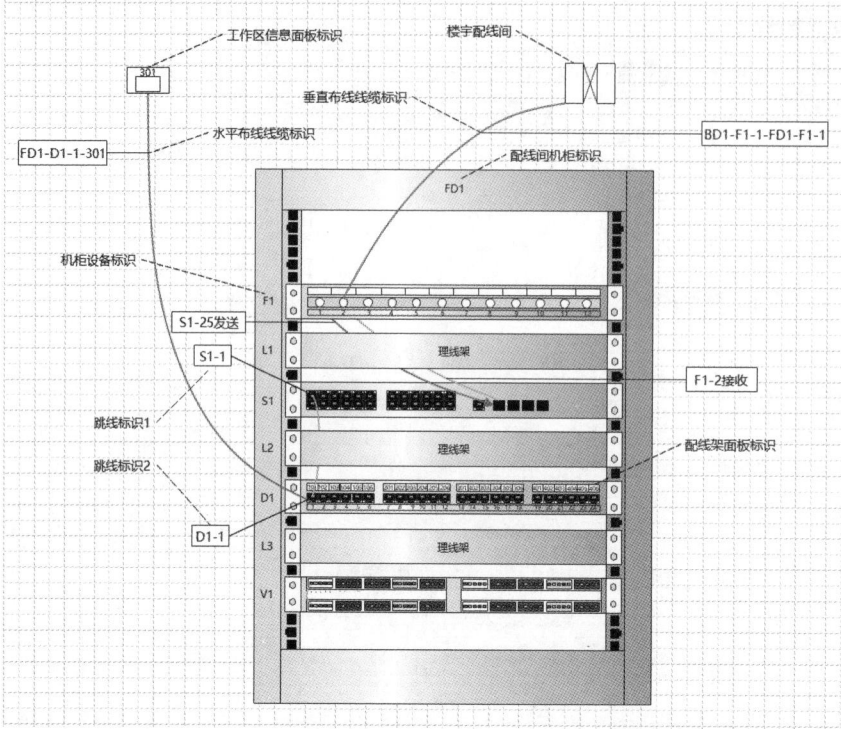

图 9-16　添加所有标识

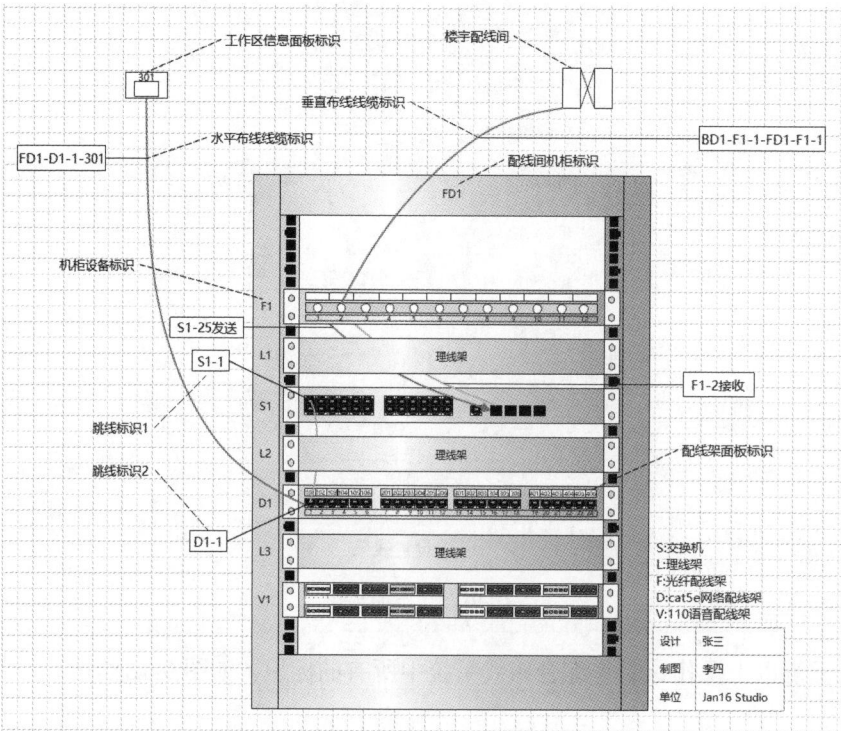

图 9-17　添加说明

项目实训

根据图 9-18 提供的信息绘制标识管理示意图。

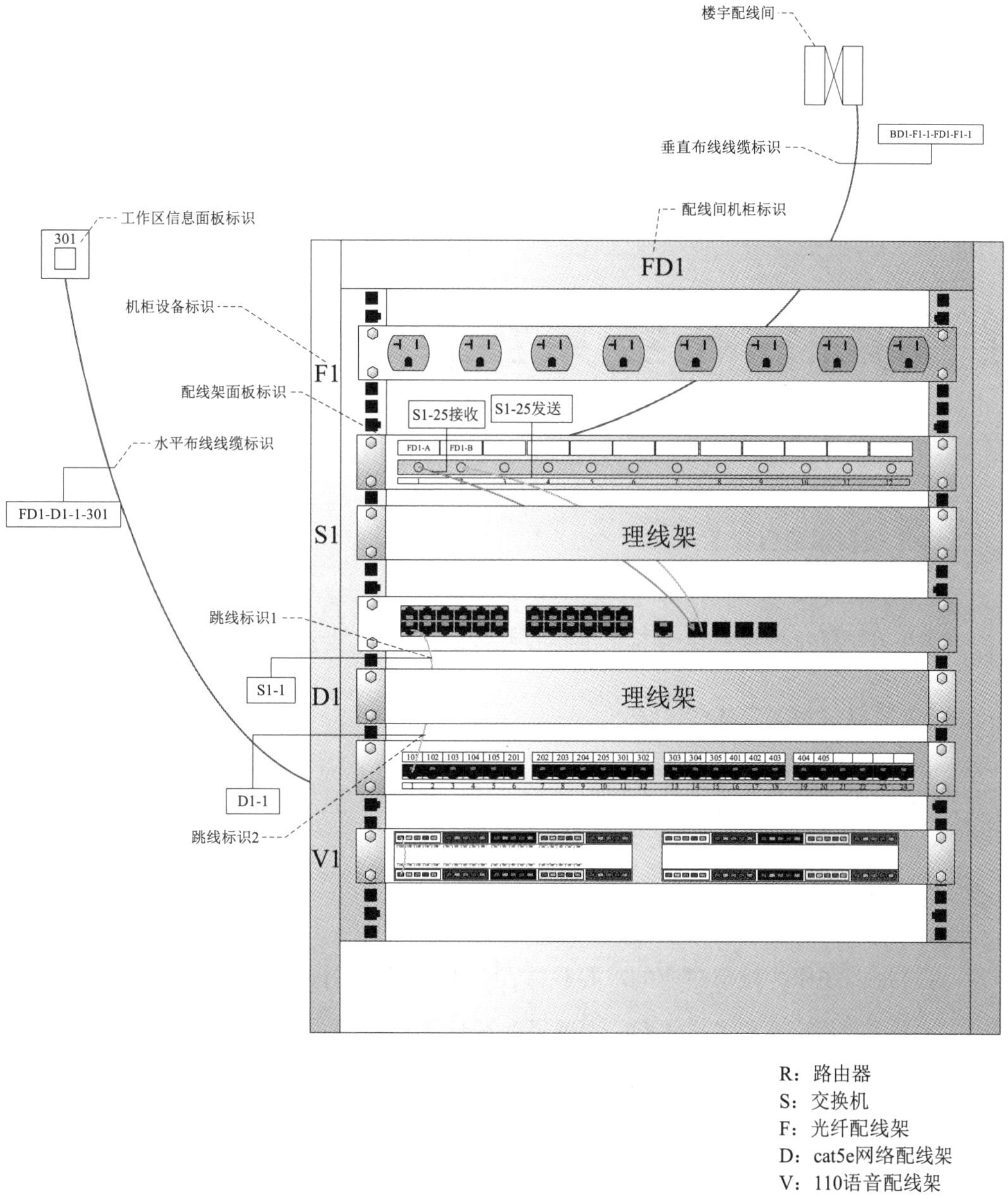

R：路由器
S：交换机
F：光纤配线架
D：cat5e网络配线架
V：110语音配线架

图 9-18　项目实训——标识管理示意图

项目 10

绘制综合布线系统图

【项目学习目标】

（1）了解综合布线工程七大子系统的概念。

（2）掌握绘制参考线的方法。

（3）掌握绘制布线子系统之间连线的方法。

项目背景

综合性商场作为城市商业的重要载体，其网络规划设计的完善程度与技术先进性直接影响商场的运营效率和客户体验。为满足商场日常运营、顾客服务、商户管理等多方面的需求，需要针对五层的楼宇结构进行网络部署。完成需求调研后，综合布线工程承包商要求工程师整合相关资料，通过综合布线系统图汇总并准确反映项目规模、信息点分布和数量参数，为项目总体方案设计提供依据。

项目需求分析

综合布线系统图需要直观地体现出工作区子系统、配线子系统、干线子系统、管理子系统和设备间子系统等方面的设计内容,使项目甲乙双方能够从布线工程的角度了解项目的全貌。

本项目根据调研结果设计语音信息点的总数为 617 个,其中,1 层 40 个、2 层 252 个、3 层 230 个、4 层 28 个、5 层 67 个;数据信息点的总数为 568 个,其中,1 层 39 个、2 层 164 个、3 层 252 个、4 层 39 个、5 层 74 个。项目的具体情况如下。

(1)每个工作区(面积为 10m^2)设置 2 个信息点(1 个双孔信息插座),每个信息插座都提供语音和高速网络应用。

(2)语音干线电缆采用三类大对数(100 对)电缆;数据干线电缆采用六类 4 对非屏蔽双绞电缆。

(3)语音配线间和数据配线间分配在 1 楼和 4 楼,楼层配线间分别设计在 3 楼和 5 楼。

绘制综合布线系统图的步骤如下。

(1)根据建筑物的平面结构,在绘图软件中利用参考线来确定配线间和信息点的位置。参考线可以视作建筑物的轴线、墙体线、设备布置线等。

(2)根据配线间和信息点的确定位置,绘制布线子系统之间的互连关系。

相关知识

综合布线系统包含 7 个子系统,分别为工作区子系统、配线子系统、干线子系统、设备间子系统、进线间子系统、管理子系统、建筑群子系统。

工作区子系统是指在综合布线系统中,一个独立的、需要设置终端设备的区域。工作区应由配线子系统的信息插座(Telecommunications Outlet,TO)模块延伸到终端设备处的连接线和适配器组成。

配线子系统（又称水平子系统）应由工作区的信息插座模块、信息插座模块至电信间配线设备（FD）的配线电缆和光缆、电信间的配线设备、设备线缆和跳线等组成。配线子系统通常采用星型网络拓扑结构，以楼层配线间为主节点，工作区信息插座为分节点。通常采用双绞线敷设配线子系统，电缆的最大长度为90m。

干线子系统（又称垂直子系统）由建筑物设备间和楼层配线间之间的连接线缆组成，它是综合布线系统的中枢部分，干线子系统的接合方法有两种，分别为点对点端接法和分支接合法。

设备间子系统在物理位置上定义为建筑物设备间和建筑群设备间，还包含楼层电信间（楼层设备间、楼层配线间、弱电间）。

进线间子系统是建筑物外部通信和信息管线的入口位置，并可作为入口设施和建筑群配线设备的安装场地。

管理子系统对工作区、设备间、进线间的配线设备、线缆系统、信息插座模块等综合布线系统元素按系统规范进行标识和记录，内容包括防水管理、标识规范、色标管理、连接配置等。

建筑群子系统是指由多座相邻或分散的房屋建筑组成的小区或园区内，各建筑物之间的综合布线系统。

项目实施步骤

绘制综合布线系统图的步骤如下。

（1）绘制参考线，在参考线的辅助下完成配线间和信息点的定位。

（2）配线间和信息点之间的互连。

项目流程图如图10-1所示。

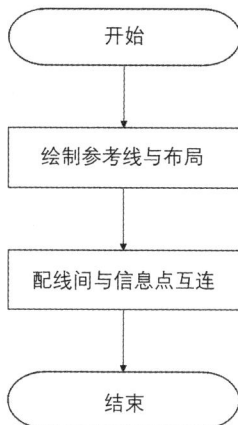

图 10-1　项目流程图

🖥 项目操作

任务 10-1　绘制参考线、配线间与信息点

任务规划

绘制参考线、配线间与信息点

参考线用于综合布线系统图中形状的定位,据此绘制综合布线系统图的配线间和信息点。配线间分为语音配线间、数据配线间和楼层配线间等。该任务的主要步骤如下。

（1）绘制参考线,作为后续绘制配线间和信息点的基准。

（2）在参考线的辅助下绘制配线间的位置。

（3）在参考线的辅助下绘制信息点的位置。

任务实施

1. 绘制参考线

（1）打开亿图图示软件,新建空白绘图,在"设计"选项卡的"页面设置"组中单击右下角的按钮,弹出"页面设置"对话框,选中"预设页面大小"单选按钮,选择"A3"选项,并选择"页面方向"为"横向",选择"页面缩放比例"为"1∶100",设置"单位"为"厘米"。

（2）在"视图"选项卡的"显示"组中，勾选"标尺"和"参考线"，将鼠标放到标尺上显示"双箭头"时，按住鼠标并拖曳，把"参考线"拖曳到绘图区域，如图 10-2 所示。

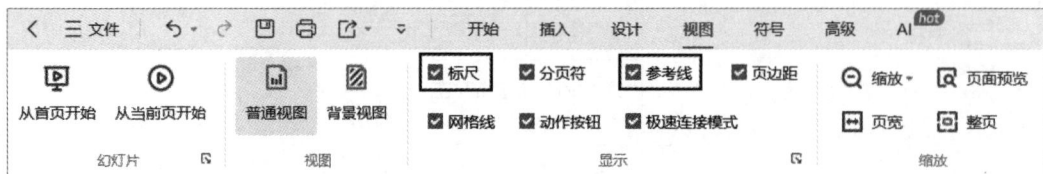

（a）绘制一条水平参考线 1

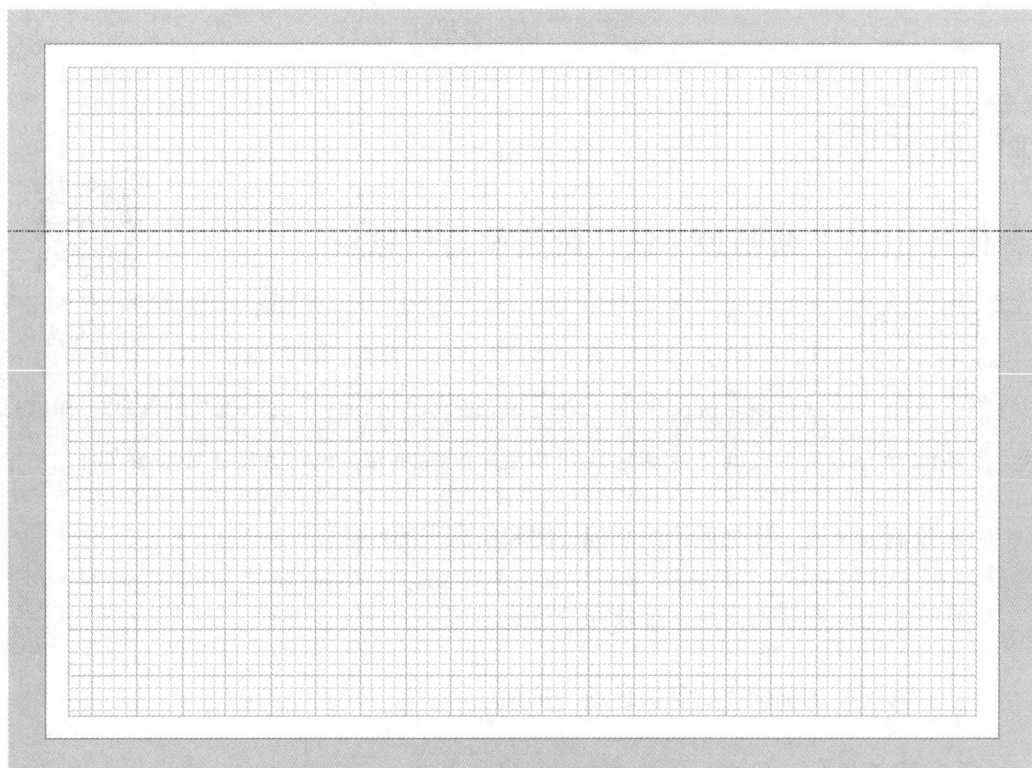

（b）绘制一条水平参考线 2

图 10-2　绘制一条水平参考线

（3）重复以上操作，将"参考线"拖曳到绘图区域，完成所有水平参考线的绘制，如图 10-3 所示。

（4）参照水平参考线的绘制步骤，完成所有垂直参考线的绘制，如图 10-4 所示。

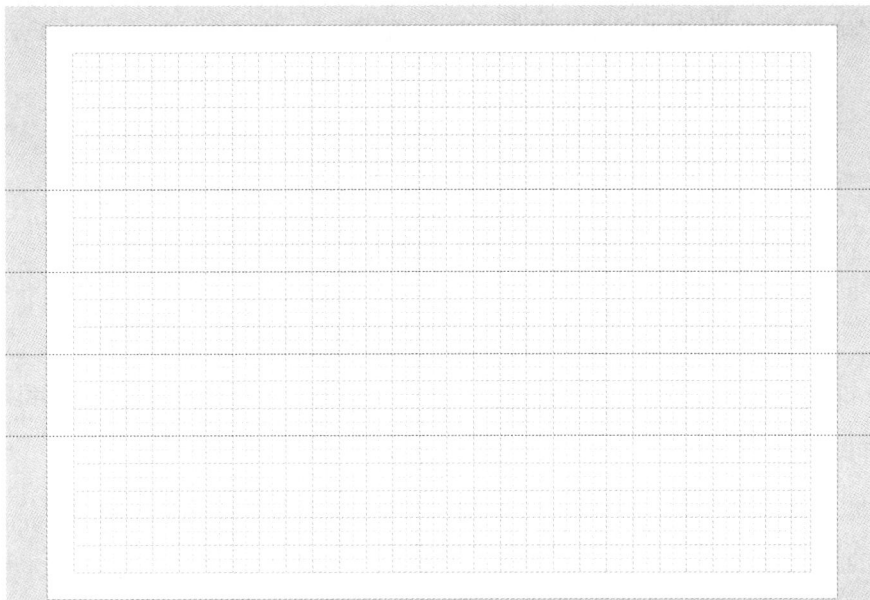

图 10-3　绘制所有水平参考线

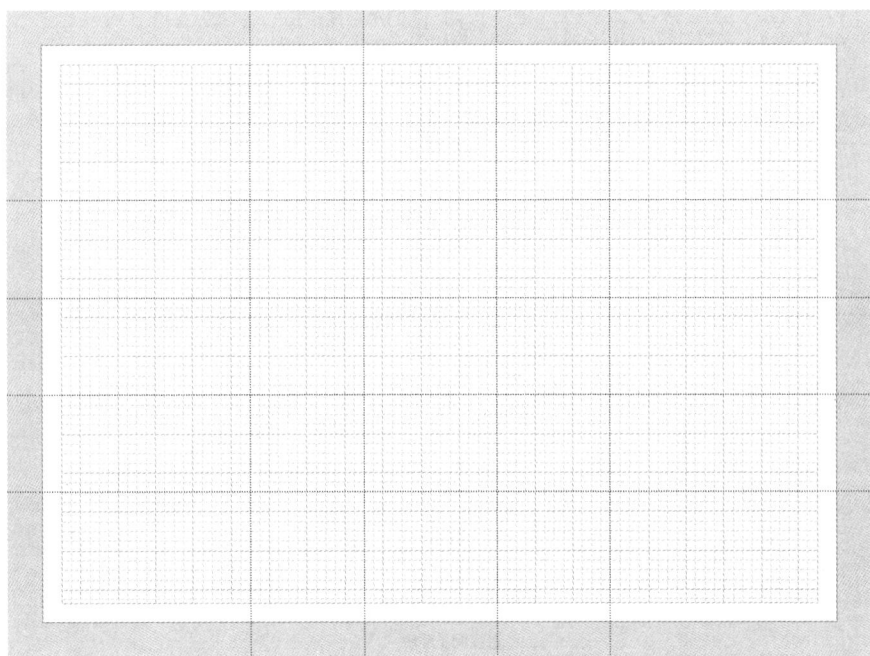

图 10-4　绘制所有垂直参考线

2. 绘制配线间

（1）选择"更多符号"→"常规"→"常用基本符号"→"基本绘图形状"选项，将"基本绘图形状"添加到"符号库"中，将"基本流程图形状"中的"长方形"符号拖曳到绘图区域，调整形状大小后互相连线，完成"配线间"的制作，如图 10-5 所示。

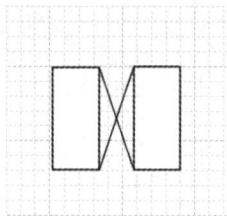

图 10-5　绘制"配线间"

（2）重复以上操作，绘制每个楼层的"语音配线间"和"数据配线间"，并添加标注说明，如图 10-6 所示。

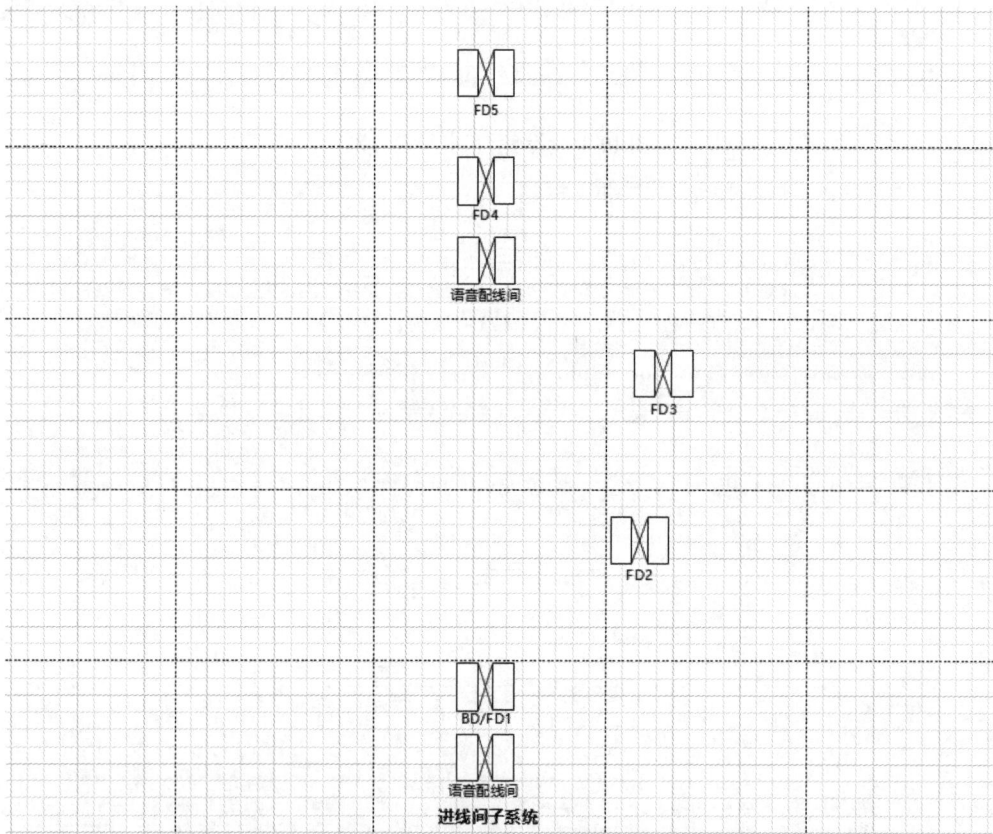

图 10-6　绘制所有的"配线间"

3. 绘制信息点

（1）信息点包括语音信息点（语音点）和数据信息点（数据点），语音点使用"正方形+中心圆形"进行绘制，数据点使用"正方形+中心正方形"进行绘制。

（2）将"信息点"拖曳到绘图区域，并调整形状大小和颜色，根据项目实际情况对 1 楼 A 区的"语音点"和"数据点"进行标注说明，如图 10-7 所示。

数据点14个	■
语音点14个	●

1F A区

图 10-7　绘制"信息点"

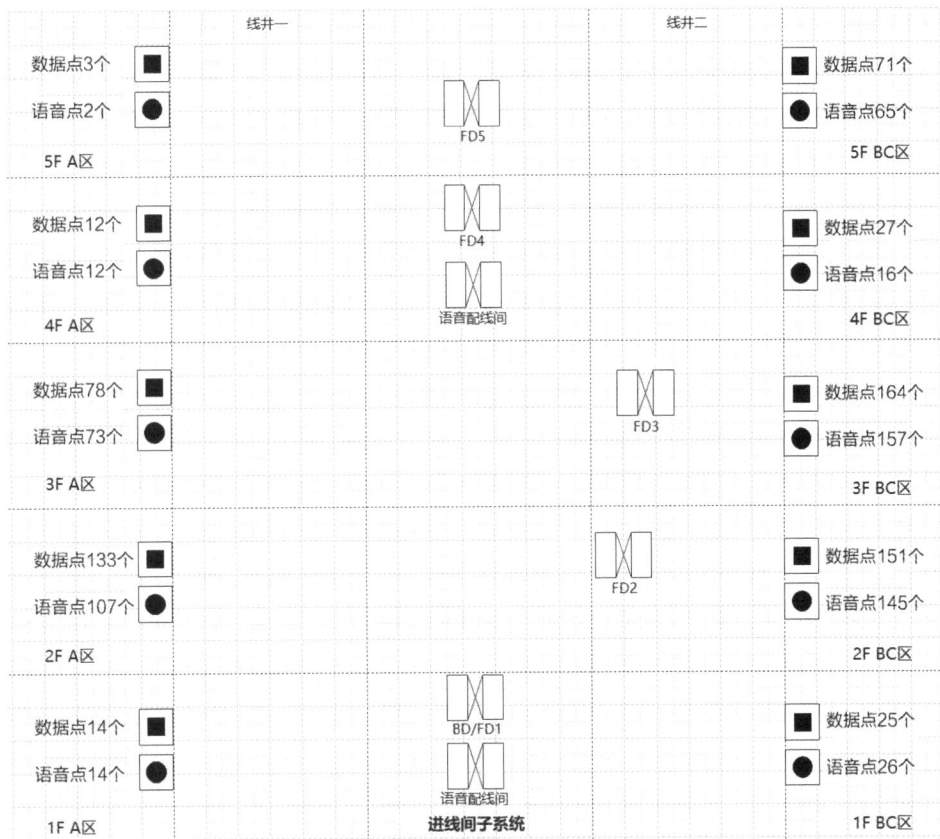

（3）绘制所有楼层的"语音点"和"数据点"，并添加标注说明，如图 10-8 所示。

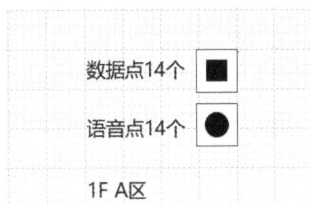

图 10-8　绘制所有的"信息点"

任务 10-2　绘制布线子系统之间的连接

任务规划

使用连接线绘制布线子系统之间的连接，主要步骤如下。

绘制配线间之间和配线间与信息点的连接

（1）绘制配线间之间的连接线路。将所有楼层的配线间连接起来，形成整体的网络架构。

（2）绘制配线间与信息点之间的连接线路。布线路由负责将通信信号从配线间分配到所有信息点，确保用户能够正确地接入通信网络。

任务实施

1. 绘制配线间之间的互联

（1）在"开始"选项卡的"工具"组中单击"连接线"按钮，从"BD/FD1"开始绘制连线，将其与其他楼层配线间连接，并设置线条粗细为 3pt，线条颜色为红色，此种线条表示楼宇配线间到楼层配线间使用室内光缆进行互连，如图 10-9 所示。

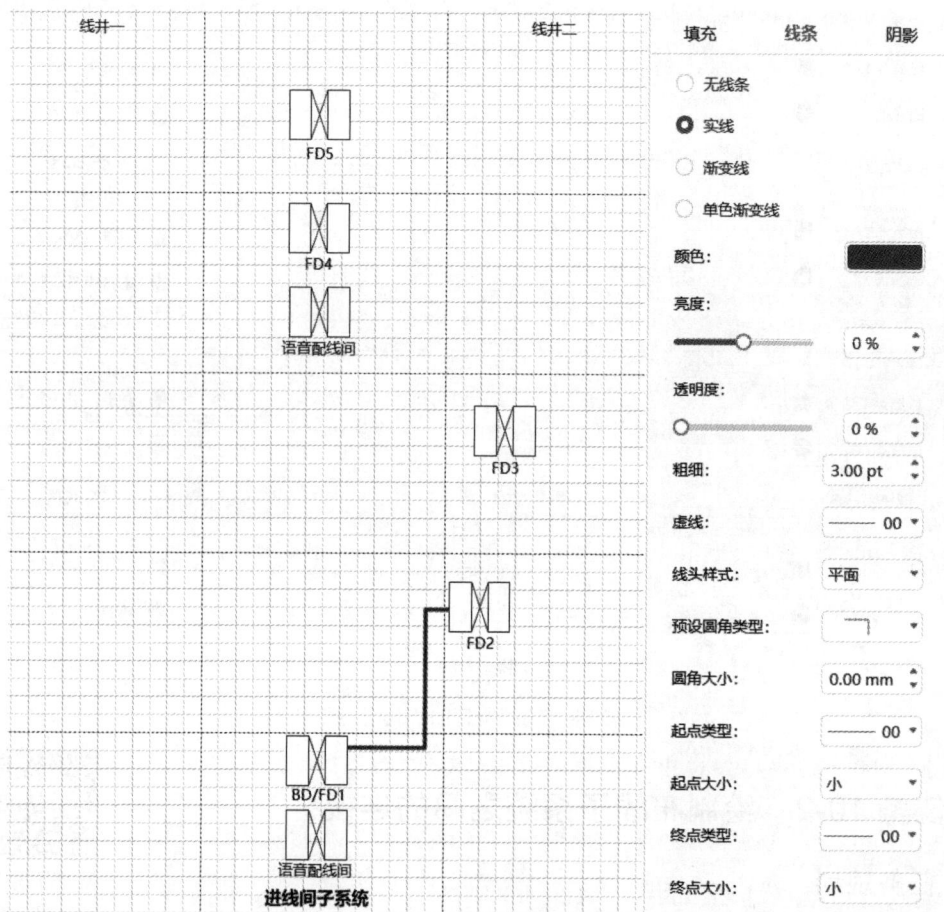

图 10-9　绘制配线间之间的互连

（2）绘制从"配线间"到每个"楼层配线间"的连接，设置 1 楼语音配线间与 5 楼语音配线间之间的线条为"虚线 01"，并添加相应的标注，此种线条表示语音配线间之间使用 100 对大对数电缆进行互连，如图 10-10 所示。

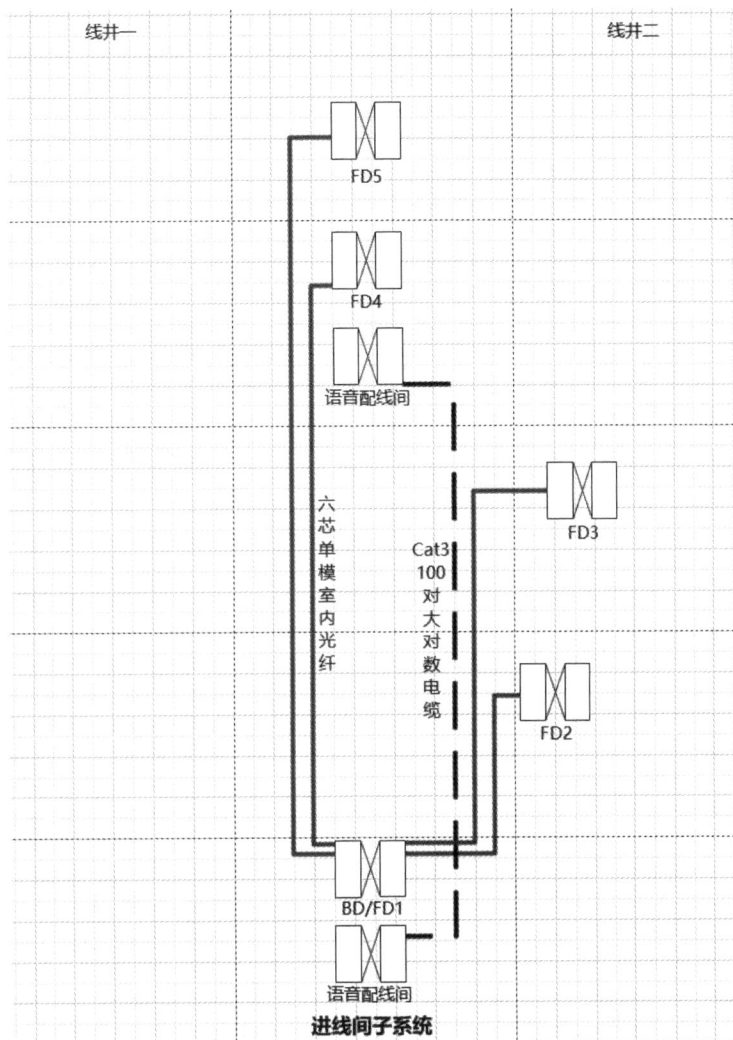

图 10-10　绘制所有配线间的互连

2.　配线间和信息点互联

（1）使用"连接线"将各楼层的信息点与配线间进行连接，使用实线将数据点连接到楼层配线间，此种线条表示数据点到配线间使用双绞线进行互连；使用虚线 01 将语音点连接到语音配线间，线条粗细设置为 1.5 磅，此种线条表示数据点到配线间使用大对数电缆进行互连，如图 10-11 所示。

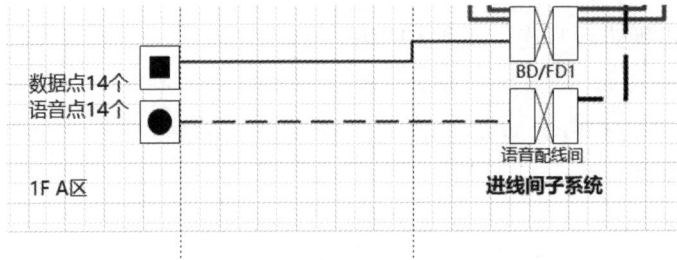

图 10-11　绘制信息点与配线间的互连

（2）重复以上操作，绘制所有配线间和信息点的互连，如图 10-12 所示。

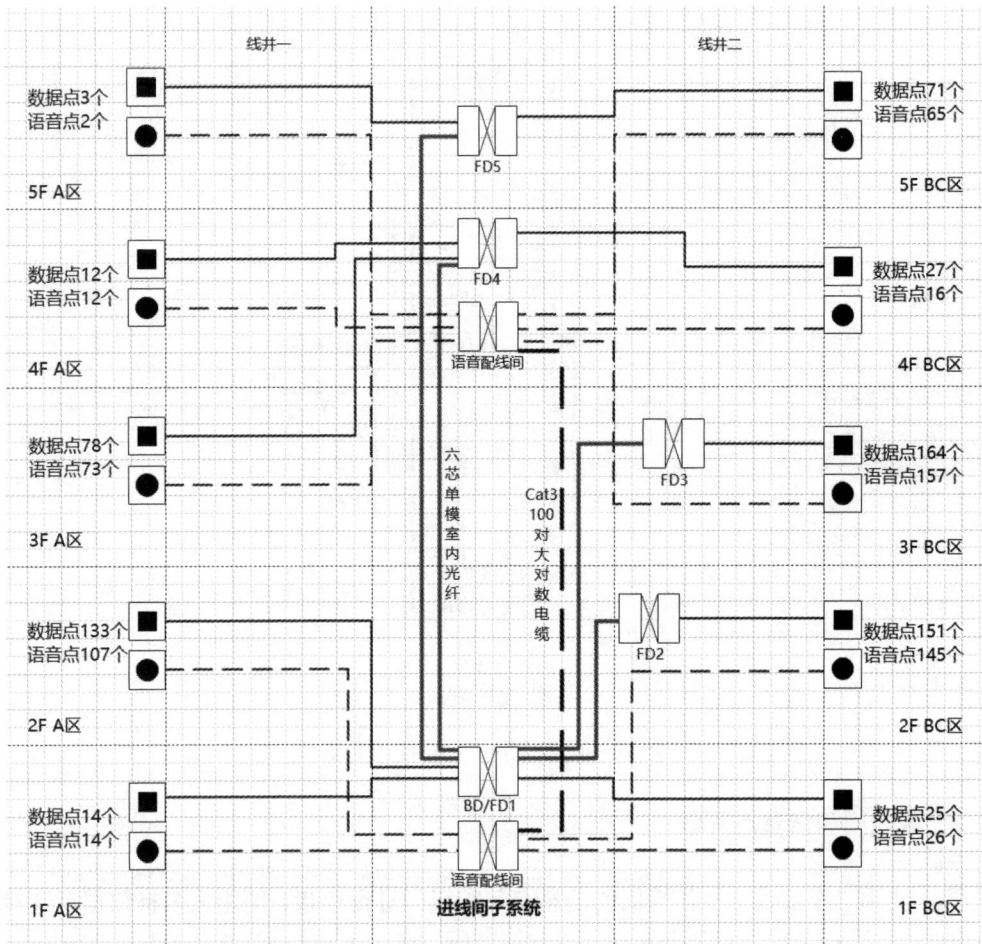

图 10-12　绘制所有配线间和信息点的互连

（3）分别对楼层配线间和信息点的连接线进行标注说明，如图 10-13 所示。

（4）重复以上操作，完成所有配线间和信息点的连接标注，如图 10-14 所示。

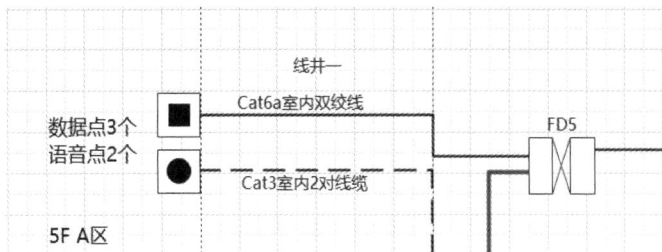

图 10-13　标注楼层配线间和信息点的连接线

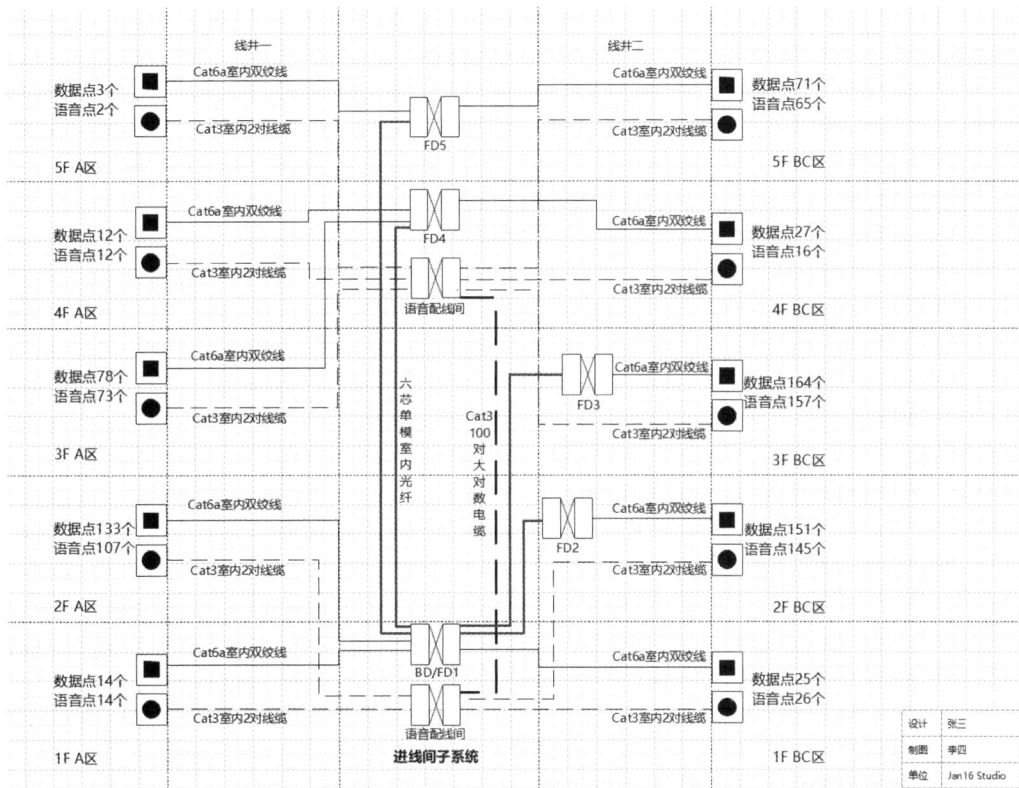

图 10-14　完成标注

项目实训

根据学校教学楼设计综合布线系统图，绘图设计要求如下。

（1）学校教学楼共有 8 层，每层有 5 个教室和 2 个教师办公室。

（2）整栋教学楼有 700 个语音点，600 个数据点。

（3）设计语音配线间、数据配线间和楼层配线间。

项目 11

绘制智能家居网络拓扑图

【项目学习目标】

（1）了解智能家居网络的基础知识。

（2）掌握设备的连接与配置技能。

（3）掌握绘制智能家居网络拓扑图的方法。

项目背景

随着科技的快速发展和人们对生活品质追求的不断提升，智能家居设备逐渐成为现代家庭的重要组成部分。这些设备不仅能够提供更加便捷的生活体验，还能够提升家居的安全性和能效。然而，目前市场上智能家居设备种类繁多，且技术标准不统一，这导致许多家庭面临设备不兼容、网络不稳定等问题。因此，本项目旨在通过科学规划智能家居网络拓扑，解决现有问题，进一步提升用户体验。

项目需求分析

根据用户对家居智能化的设计要求,选择合适的配套设备,包括智能门锁、智能照明、智能音箱、安防摄像头等。

（1）确定用户的具体需求,包括控制家居设备的种类和数量,以及对其便利性、安全性和能效的要求。

（2）研究市场上可用的智能家居产品和解决方案,了解不同品牌设备的功能特点、兼容性和用户评价。

（3）评估不同通信协议（如 WiFi,Zigbee,Z-Wave 等）的优缺点,以及它们与现有家居设备的兼容性。

（4）设计网络拓扑图,确定中央控制单元的位置,以及如何将各种传感器、执行器和控制器连接到网络。

绘制智能家具网络拓扑图的步骤如下。

（1）根据项目设计,添加合适的智能家居设备。

（2）在配置设备的过程中,确定设备之间的连接关系和依赖关系。

相关知识

智能家居网络是指利用先进的网络技术,将家居中的各种智能设备连接在一起,形成互联互通、高效协同的信息共享系统。它能够通过智能控制中心实现对智能家居设备的控制和联动,提升家居生活的便捷性、舒适性和安全性,智能家居系统功能结构图如图 11-1 所示。

智能家居网络是构建智能家居系统的核心,它结合综合布线技术、网络通信技术、安全防范技术、自动控制技术、音视频技术等,集成智慧家庭中相关的软硬件环境,形成高效的住宅设施与家庭日常事务的管理系统。在提升家居安全性、便利性、舒适性和艺术性的同时,致力于实现环保节能和随时可调控的居住环境。

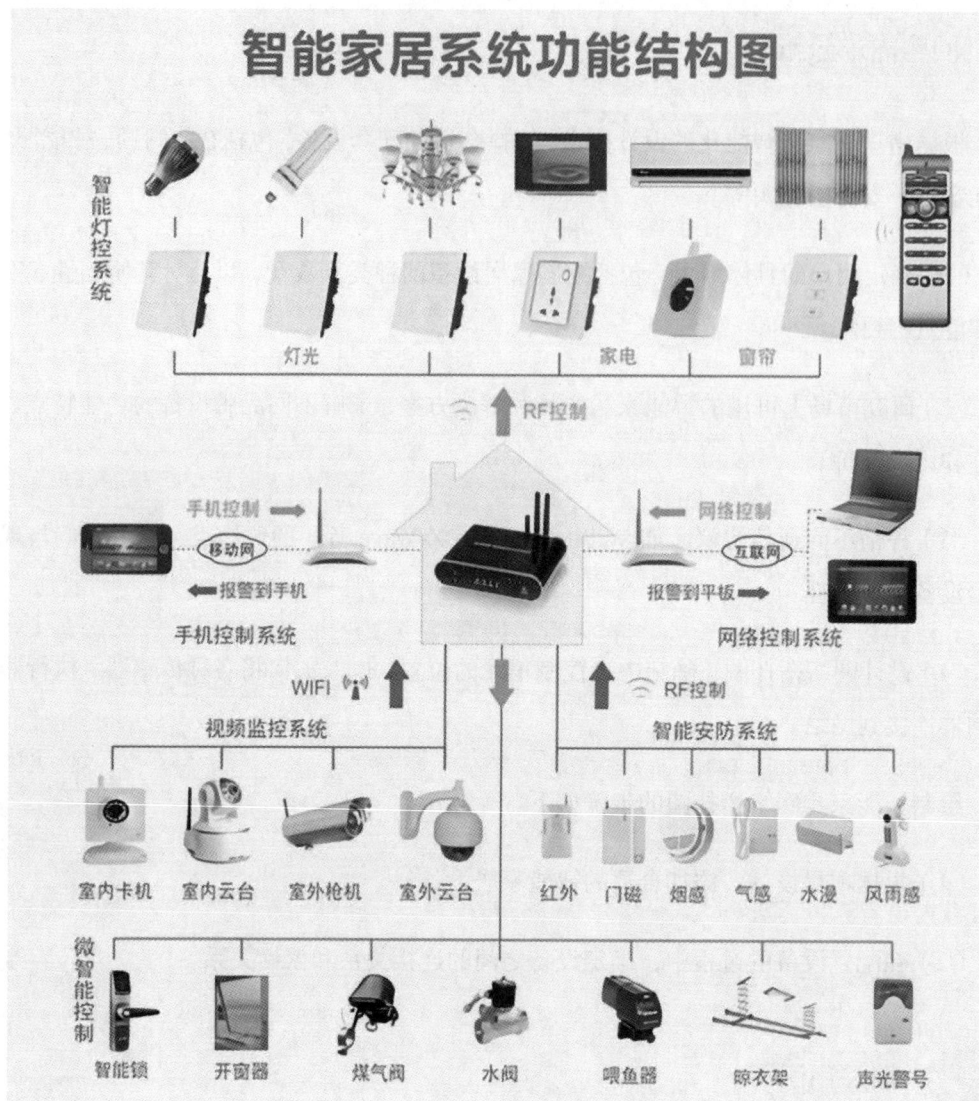

图 11-1 智能家居系统功能结构图

　　智能家居具有简单、实用和灵巧的特点，使智能家居系统变得更为轻量化。利用物联网技术的特点，使智能家居控制能够突破"家庭"的限制，在智慧城市中成为联动系统的一员，实现"家居控制"范围的持续扩张；利用自动化控制的特点，让家庭控制中心这个中央处理器负责接收和处理家居环境的综合信息，从而完成对家居联网电子产品的控制和联动。此外，智能家居网络还广泛应用于安防领域，如家庭煤气泄漏监控、防火监控、防盗监控、智能摄像头、智能门锁、智能猫眼等安防类产品。通过它们能够增强家居安全，有助于促进社会的安定团结，为社会的持续发展提供强力保障。

智能家居网络是智能家居系统的核心组成部分，为"家庭"迈入智慧都市提供了物质基础。随着技术的不断发展，智能家居网络为社会进步贡献"家庭"的力量。

项目实施步骤

参考网络拓扑图设计对智能家居网络拓扑图进行改造。

绘制网络拓扑图的具体步骤如下。

（1）添加智能家居设备。

（2）绘制设备之间的互连。

项目流程图如图 11-2 所示。

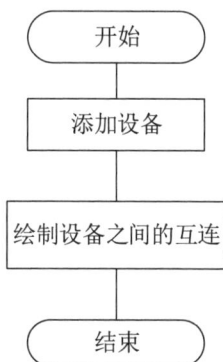

图 11-2　项目流程图

项目操作

任务 11-1　添加智能家居设备

添加智能家具、
智能家居设备

任务规划

配置智能家居设备，实现家居环境的舒适体验与智能化管理。该任务的主要步骤如下。

（1）添加智能家居，将智能家具安装至指定位置，确保其稳定运行并接入网络。

（2）配置其他智能家居设备，包括连接到家庭 Wi-Fi 网络、设置账户、配对设备等，确保设备能够正常通信和控制。

任务实施

1. 添加智能家居

（1）打开亿图图示软件，新建空白绘图，在"设计"选项卡的"页面设置"组中单击右下角的按钮，弹出"页面设置"对话框，选中"预设页面大小"单选按钮，选择"A3"选项，并选择"页面方向"为"横向"，选择"页面缩放比例"为"1∶100"，设置"单位"为"厘米"。

（2）在"符号库"选项中搜索"智能家居"，用鼠标右键单击"智能家居控制系统主机"按钮，并选择"打开符号所在的库"选项，将"智能家居"添加到"符号库"中，如图 11-3、图 11-4 所示。

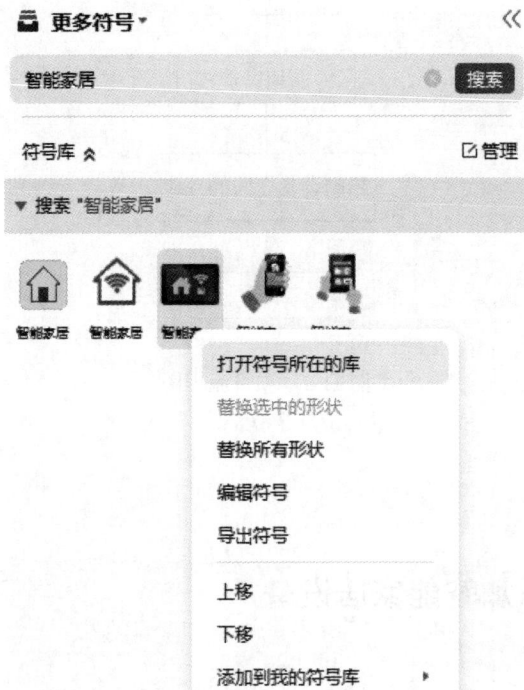

图 11-3 通过搜索"智能家居"打开所在库

图 11-4　添加"智能家居"到"符号库"

（3）拖曳"智能家居"中的"自动窗帘""电灯泡""智能水表""电子门锁""分体式空调""子弹头摄像机"到绘图区域，并添加标注说明，如图 11-5 所示。

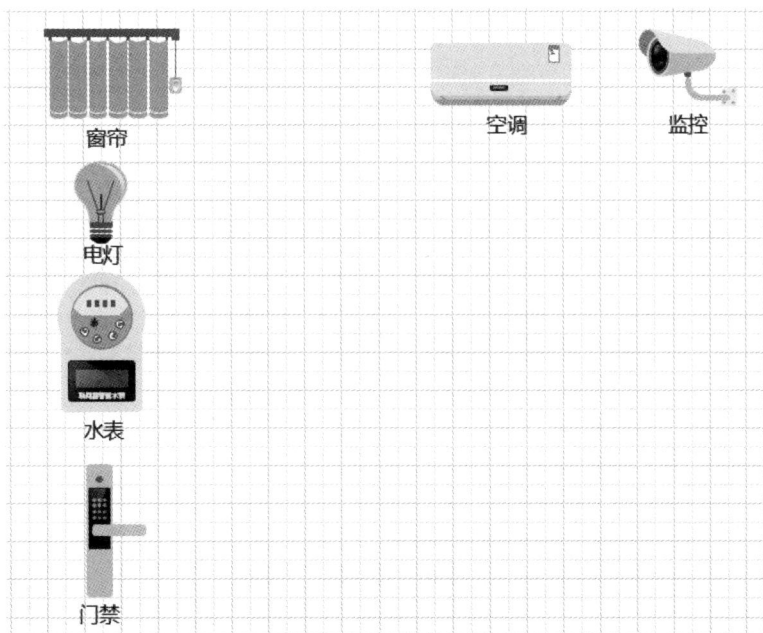

图 11-5　添加智能家居

2. 添加其他智能家居设备

（1）在"符号库"中用鼠标右键单击"我的库"按钮，选择"导入符号"选项，在"导入符号"对话框中单击"导入图片"按钮，将拓扑图标一一导入，如图 11-6、图 11-7 所示。

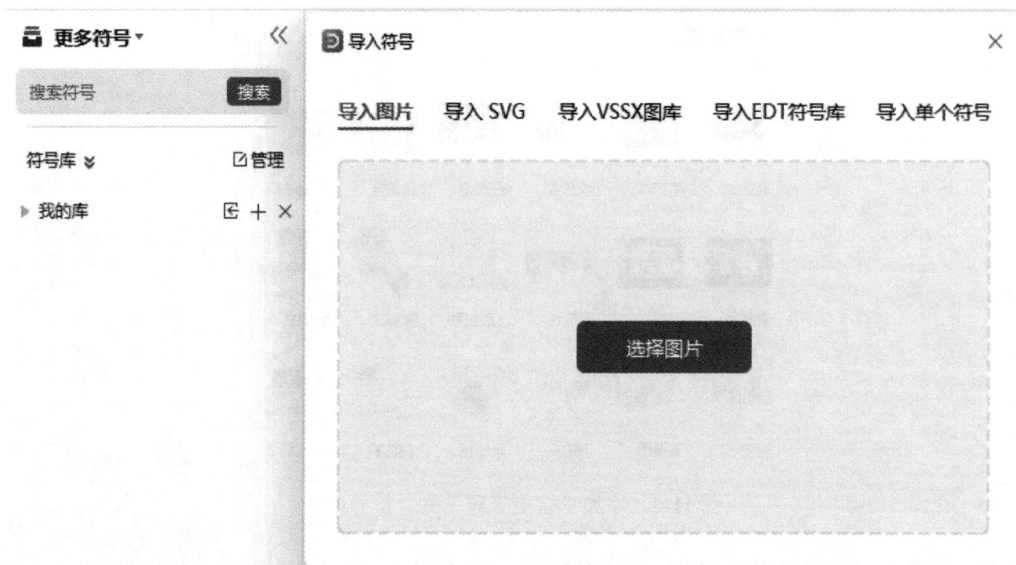

图 11-6　导入拓扑图标

图 11-7　添加拓扑图标到"我的库"①

---

① 图中 wifi 的写法为软件生成，正文书写方式为 WiFi。

（2）导入成功后，将拓扑图标（除 WiFi 图标外）全部拖曳到绘图区域，调整形状大小，并添加标注说明，如图 11-8 所示。

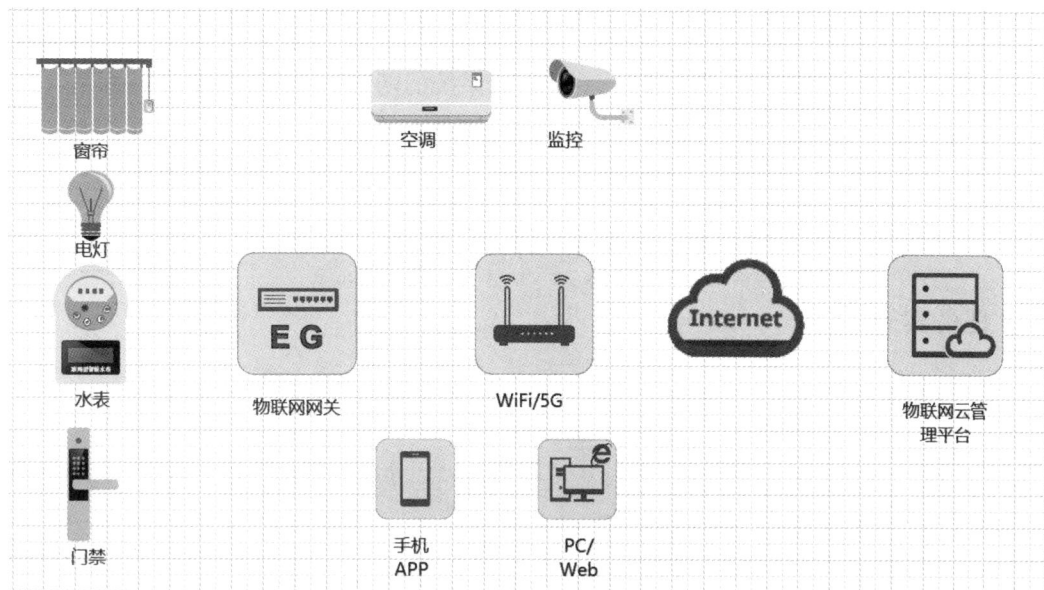

图 11-8　添加智能家居拓扑图标

（3）在符号库中搜索"WiFi"和"蓝牙"，并将 WiFi 图标与蓝牙图标添加到相关设备上，如图 11-9 所示。

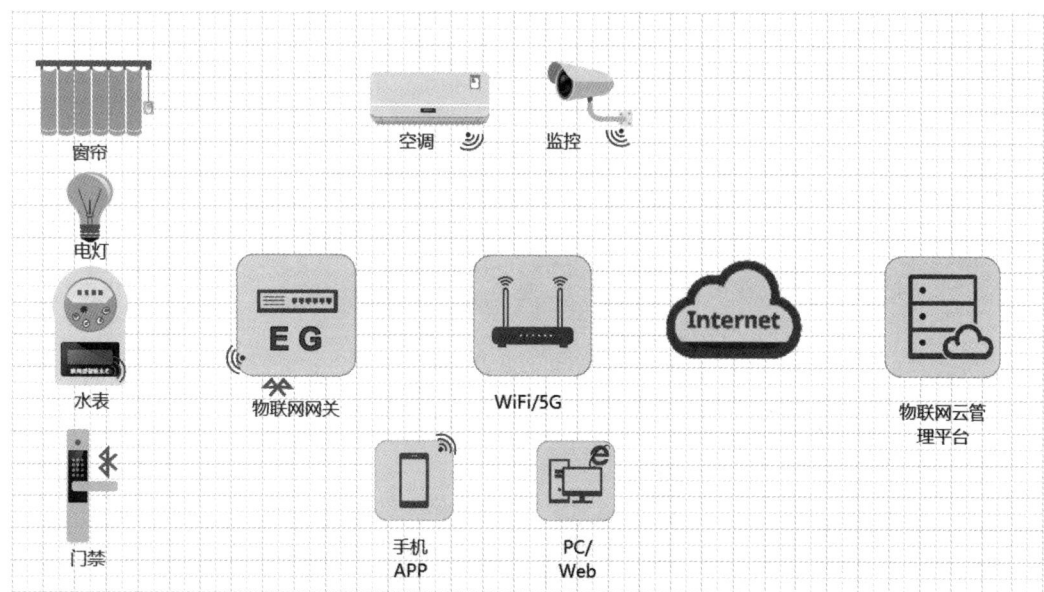

图 11-9　绘制设备通信方式

任务 11-2 绘制智能家居设备之间的连接

绘制智能家具与
设备之间的连接

任务规划

使用连接线绘制设备之间的连接，完成家居系统的网络结构图，主要步骤如下。

（1）配置设备间的连接参数，确保它们能够进行相互识别、通信和数据交换。

（2）为智能家居设备添加详细的标注，便于读者理解和使用。

任务实施

1. 设备互联

（1）在"开始"选项卡中的"工具"组中单击"连接线"按钮，将"窗帘"与"物联网网关"进行连接，如图 11-10 所示。

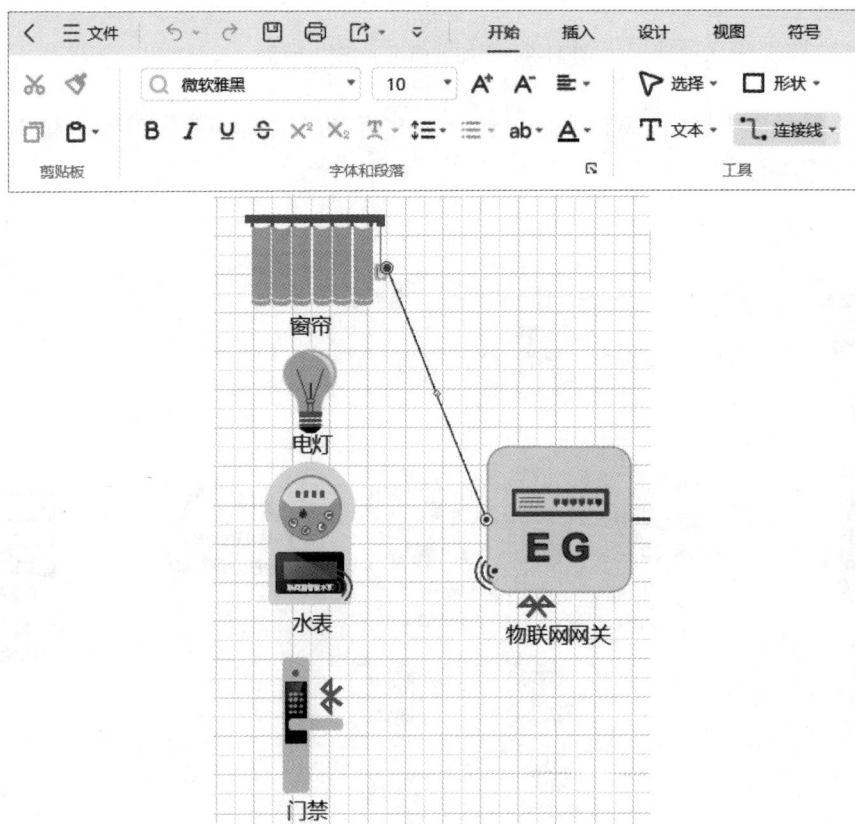

图 11-10 连接"窗帘"与"物联网网关"

（2）根据图 11-11 展示的内容完成其他设备之间的连接，将"物联网网关"与"水表"、"物联网网关"与"门禁"之间的连接线均设置为虚线 01；将"物联网网关"与"WiFi/5G"、"WiFi/5G"与"PC/Web"之间连接线的线条颜色均设置为深蓝色，视作双绞线；将"WiFi/5G"与"Internet"、"物联网云管理平台"与"Internet"之间连接线的线条颜色均设置为深绿色，视作光纤，线条粗细均设置为 3 磅。

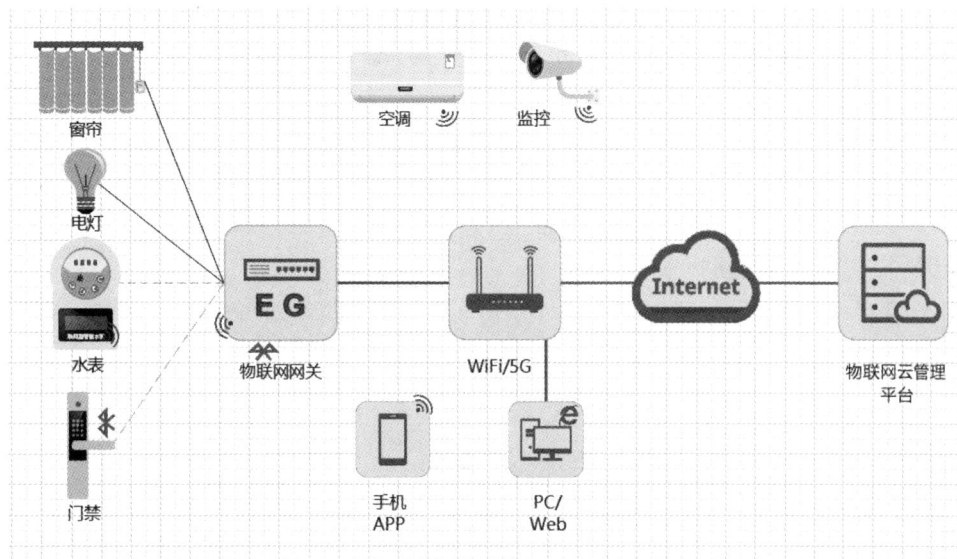

图 11-11　完成所有设备之间的连接

（3）将连接线进行标注说明，如图 11-12 所示。

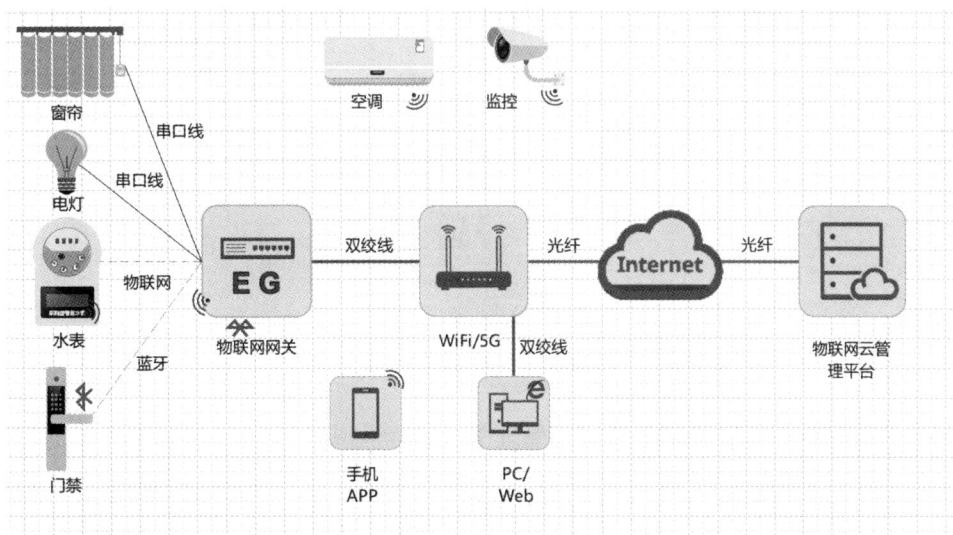

图 11-12　标注连接线

2. 添加标注说明

（1）在"开始"选项卡的"工具"组中单击"形状"按钮，选择"矩形工具"选项，在"手机 App"与"PC/Web"图标的周围绘制一个长方形外框，设置线条格式为虚线01，并标注设备说明，如图 11-13 所示。

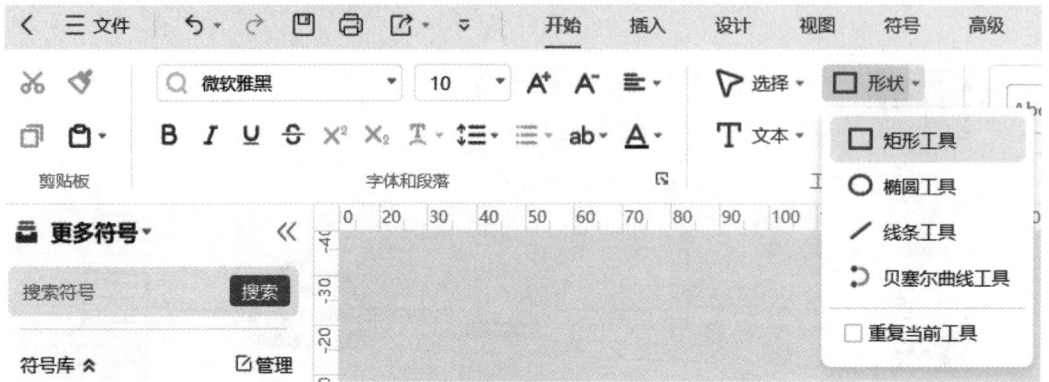

（a）标注设备说明 1

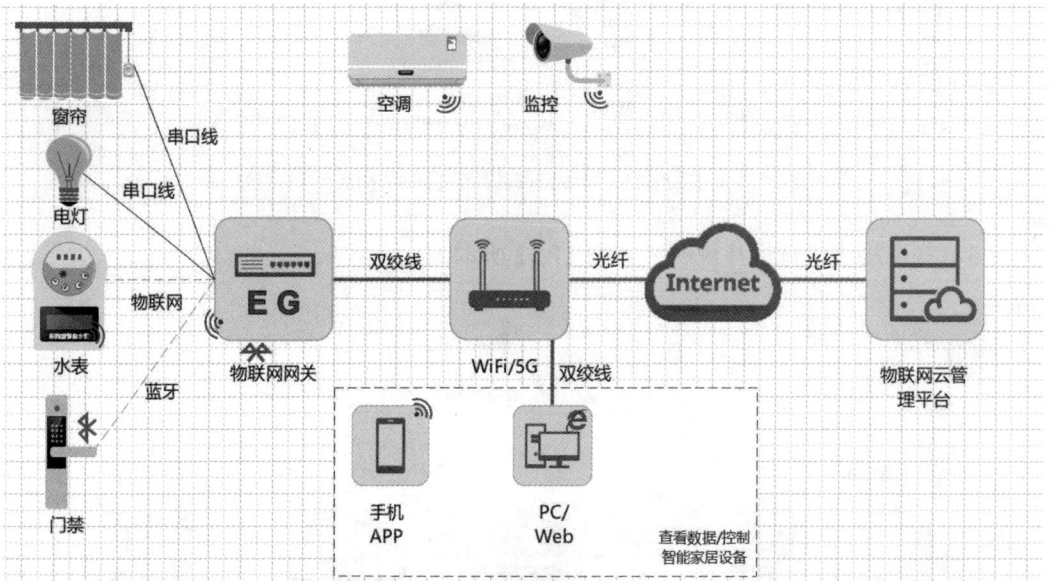

（b）标注设备说明 2

图 11-13　标注设备说明

（2）重复以上操作，完成物联网云管理平台的标注说明，如图 11-14 所示。

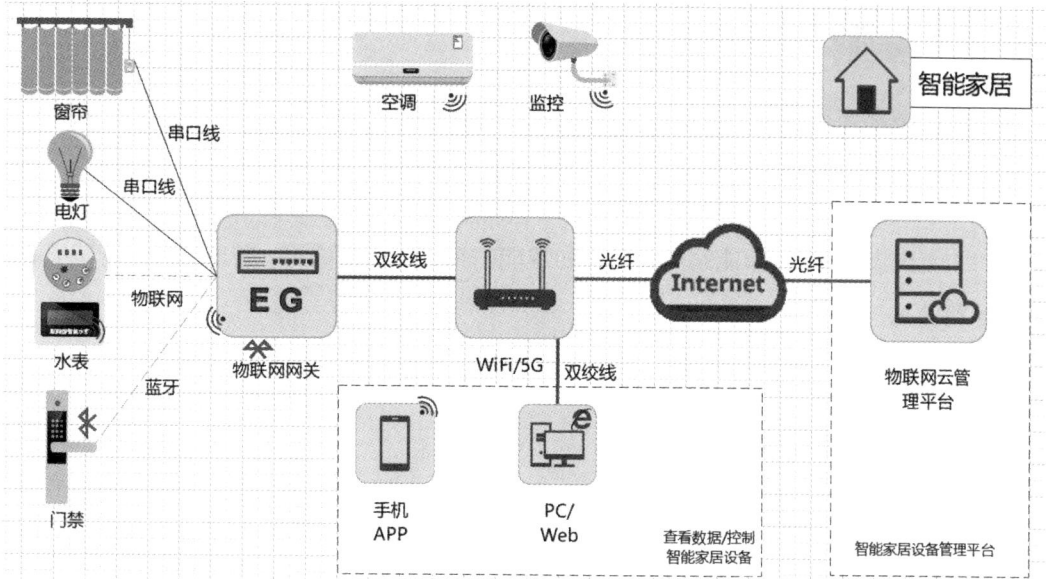

图 11-14　物联网云管理平台的标注说明

（3）拖曳"智能家居"图标到绘图区域的右上角，绘制一个矩形并标注说明，如图 11-15 所示。

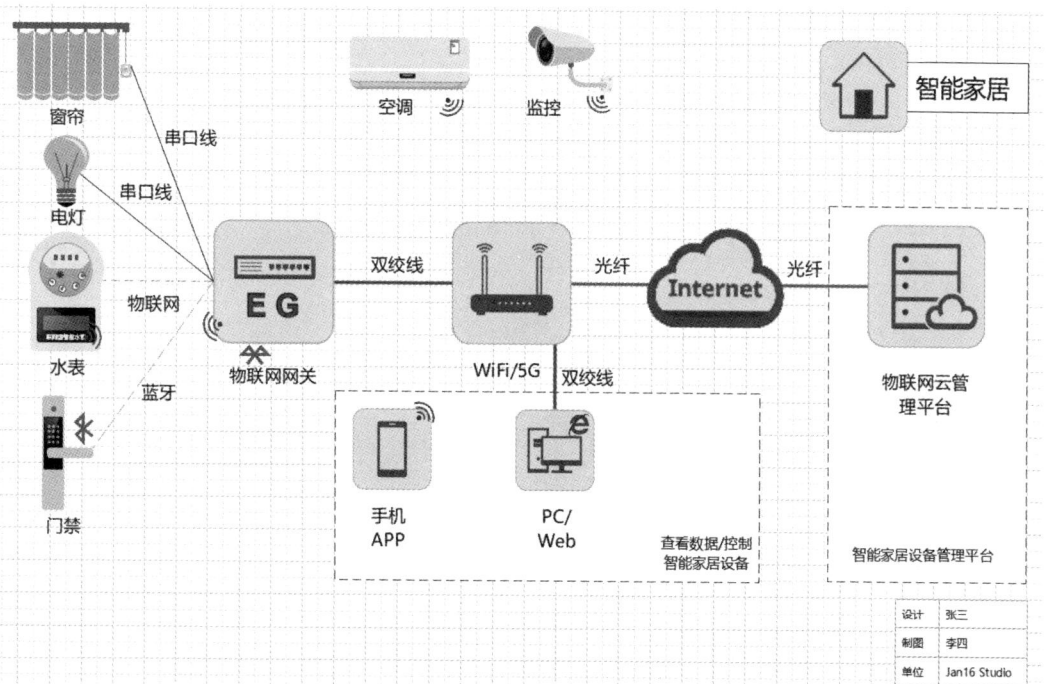

图 11-15　标注"智能家居"

项目实训

根据给定的智能家居设备列表和通信需求，设计智能家居网络拓扑结构图，展示各设备之间的连接关系和数据传输路由。设计要求如下。

（1）至少添加 10 种智能家居设备（如智能门锁、智能摄像头、智能音箱、智能窗帘、智能冰箱等）。

（2）图纸应清晰地展示出智能家居网络中的路由器、物联网网关、家居智能设备之间的连接关系和数据传输路由。

项目 12

绘制全光网拓扑图

【项目学习目标】

（1）了解全光网的基本概念。

（2）了解全光网中常用的网络设备。

（3）掌握绘制全光网拓扑图的方法。

项目背景

公司计划通过升级内部网络架构，优化网络性能、提升稳定性并减少延迟。全光网拓扑结构优化方案旨在通过升级全光网的拓扑结构，达到加快网络传输速度和增强网络可靠性的效果。经过项目调研与现状分析，公司决定采用全光网技术实施网络改造升级。

项目需求分析

根据改造要求选择合适的以太全光网设备，包括具备光纤接口的网络设备和匹配传输速率的光纤光缆。

（1）核心层采用两台核心交换机构建中心节点，通过与高速以太网相连，实现负载均衡和冗余备份，提高网络的可用性和可靠性。

（2）汇聚层采用汇聚交换机，与网络信息中心的核心交换机相连，三层交换机具备路由功能，可以实现不同子网之间的数据交换。

（3）接入层采用接入交换机与对应的汇聚层交换机相连，为终端设备提供接入点，确保网络的扩展性和灵活性。

（4）监控摄像头、无线接入点（Access Point，AP）等终端设备采用接入交换机接入网络，实现网络的资源共享和统一管理。

（5）在网络传输中采用光纤作为信号传输介质，利用其高带宽、低时延的特性，支持高速数据传输。

绘制全光网拓扑图的步骤如下。

（1）根据需求分析结果，确定需要添加的设备种类、数量和功能，规划并设计设备在全光网中承担的角色和所在的位置。

（2）完成全光网的网络设备互联。

相关知识

全光网（All Optical Network，AON）是一种以光纤为信号传输介质，通过光的折射和反射来实现信号传输的网络架构。全光通信技术包括光层开销处理技术、光监控技术、信息再生技术、动态路由和波长分配技术、光时分多址接入（Optical Time Division Multiplex Access，OTDMA）技术、光突发交换技术、光波分多址接入（Optical Wavelength Division Multiplex Access，OWDMA）技术、光转发技术、光副载波多址接入（Optical SubCarrier Multiplex Access，OSCMA）技术、空分光交换技术、光放大技术、时分光交换技术和无源光网络（Passive Optical Network，PON）技术等。全光网能够在光层直接完成网络通信的随机存储、传输与交换处理等所有功能，它采用光节点取代现有网络的电节点，并以光纤为基础，构成直接进行光纤通信的网络。

全光网与传统以太网的差异在于全光网主要使用光纤作为传输介质,传输速率通常为数十至上百 Gbit/s,非常适用于需要超高传输速率、超长传输距离的通信需求。光纤的信号衰减小、抗干扰性强的特点,使全光网在稳定性和安全性方面表现优异。但是全光网方案的建设难度、部署成本和技术要求都较传统以太网方案的要高,如图 12-1 所示。

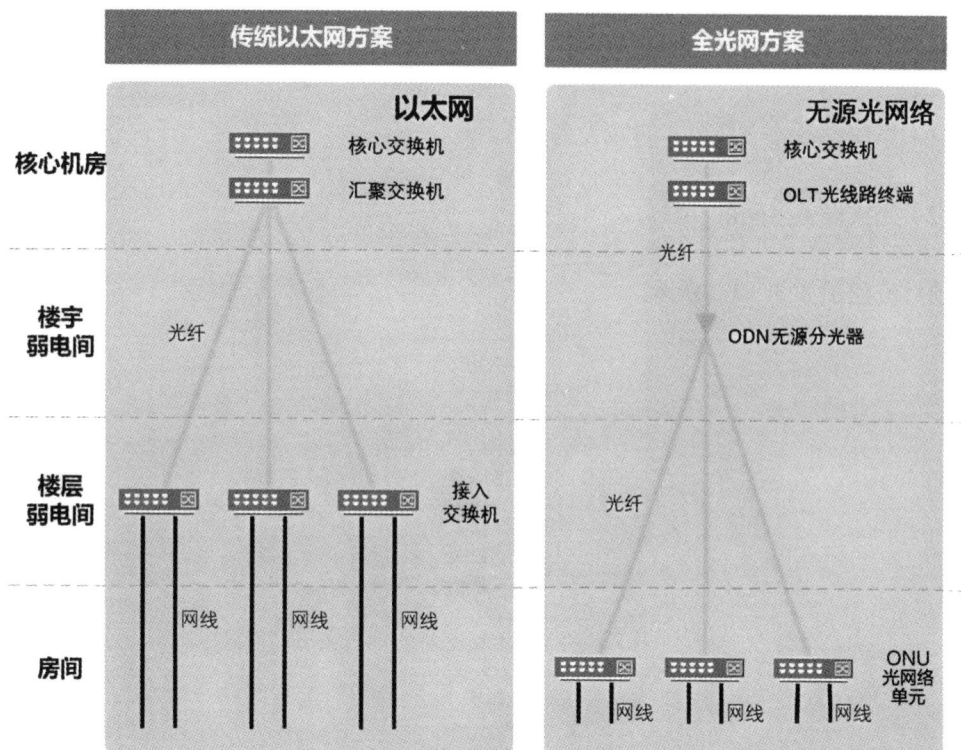

图 12-1　全光网与传统以太网对比

传统以太网主要采用双绞线作为传输介质,通过电信号传输数据。以太网传输速率的范围为 10Mbit/s ~ 10Gbit/s,尽管通信技术持续升级,以太网的传输速率不断提升,但是通常情况下以太网的传输速率仍然落后于全光网。以太网信号存在诸如衰减严重、抗干扰性相对较弱和传输距离受限等缺点。尽管以太网在初期具有成本较低、技术成熟等优势,并广泛应用于局域网环境,但随着全光网技术的发展,全光网在数据中心、城域网等高速大容量传输场景中的应用愈发广泛,并逐步取代传统以太网的主导地位。

目前,全光网已经在全球范围内被广泛应用,在通信、互联网和数据中心等领域发挥着重要作用。尽管全光网具有诸多优势且拥有广阔的应用前景,但是在实际应用中仍然面临成本较高、技术标准不统一等挑战。全光网将持续提升传输速率,以满足日益增长的数据传输需求，支持视频传输、云服务、大数据传输等更加多元化的业务。同时，它也将注重节能环保，推动软件定义网络和网络功能虚拟化等新兴技术和创新应用的发展。

🔧 项目实施步骤

绘制全光网拓扑图的步骤如下。

（1）添加设备（交换机、终端设备等）。

（2）完成设备之间的互联。

项目流程图如图 12-2 所示。

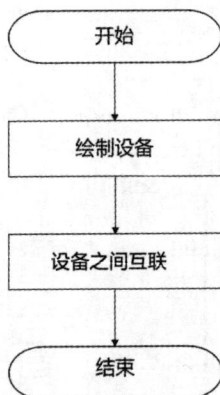

```
开始
 ↓
绘制设备
 ↓
设备之间互联
 ↓
结束
```

图 12-2　项目流程图

🖥 项目操作

任务 12-1　添加网络设备

任务规划

在网络拓扑中集成交换机、无线接入点（AP）和监控设备，确保它们通过光纤连接到核心网络架构，实现数据的高速传输和网络资源的高效管理，主要任务如下。

添加合适的交换机、无线接入点和监控设备等，确保所选设备符合全光网的技术要求，能够与其他网络设备兼容并协同工作。

任务实施

（1）打开亿图图示软件，新建空白绘图，在"设计"选项卡的"页面设置"组中单击右下角的按钮，弹出"页面设置"对话框，选中"预设页面大小"单选按钮，选择"A4 sheet，210 毫米×297 毫米"选项，并选择"页面方向"为"横向"，选择"页面缩放比例"为"1：100"，设置"单位"为"厘米"。

（2）用鼠标右键单击"符号库"中"我的库"按钮，选择"导入符号"选项，在"导入符号"对话框中单击"导入图片"按钮，将所有的全光网设备图标导入其中，如图 12-3、图 12-4 所示。

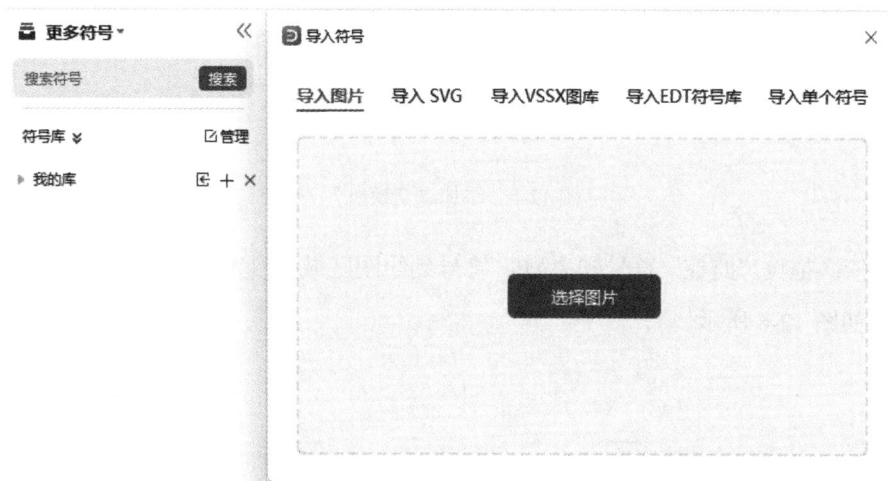

图 12-3 导入图标

图 12-4 添加全光网拓扑图标到"我的库"

（3）导入成功后，依次拖曳"交换机"符号到绘图区域，并调整形状和大小，从上到下依次为核心层、汇聚层、接入层，如图12-5所示。

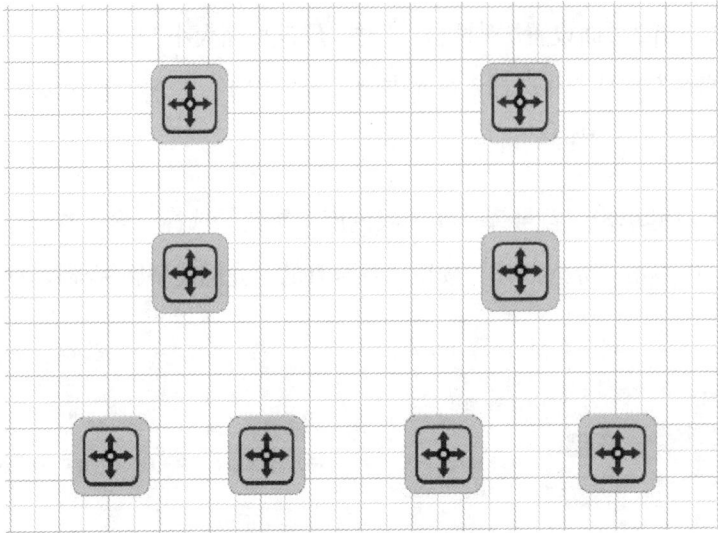

图12-5　添加"交换机"

（4）依次拖曳"监控"符号和"AP"符号到绘图区域，放置于接入层"交换机"符号的下方，如图12-6所示。

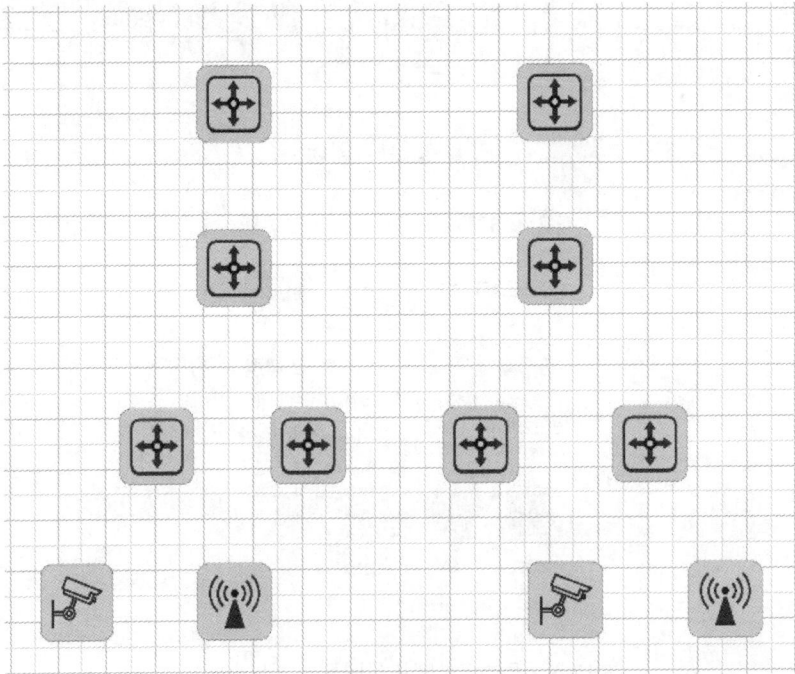

图12-6　添加"监控"与"AP"

任务 12-2　绘制网络设备之间的连接

任务规划

使用连接线绘制全光网的拓扑结构，主要步骤如下。

（1）通过适当的连接方式（如光纤、网线、无线信号等）实现网络设备之间的互联互通。

（2）完成设备互联后，利用标注工具为整个网络系统添加详细的标注和说明。

任务实施

1. 设备互联

（1）在"开始"选项卡的"工具"组中，单击"连接线"按钮，连接两台核心层"交换机"，如图 12-7 所示。设置线条颜色为绿色，设置线条粗细为 1.5 磅，如图 12-8 所示。

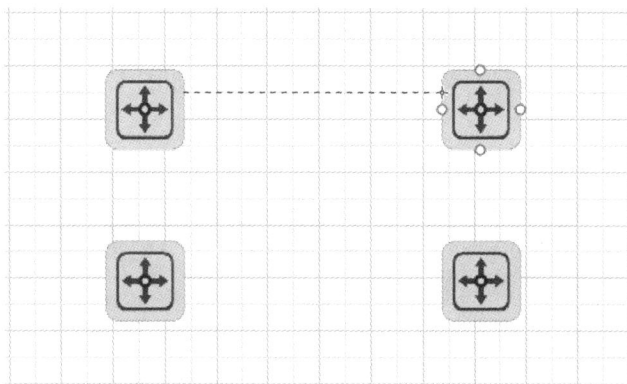

图 12-7　核心层"交换机"互联

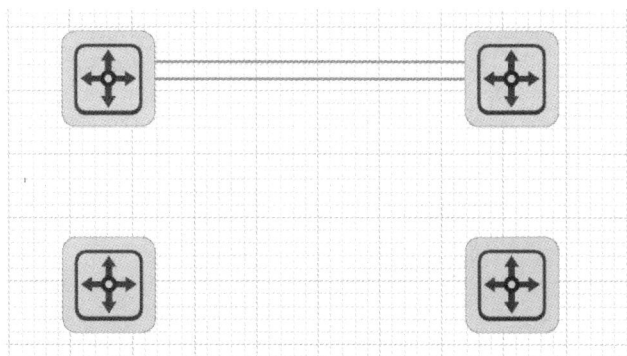

图 12-8　设置线条颜色

167

（2）选择"开始"→"工具"→"形状"→"椭圆工具"选项，在相关位置绘制椭圆，并调整形状和大小，设置线条颜色为绿色，放置在两台核心层"交换机"的中心。在"开始"选项卡的"排列"选项中的"位置"选项中，单击"置于底层"按钮，如图 12-9 所示。

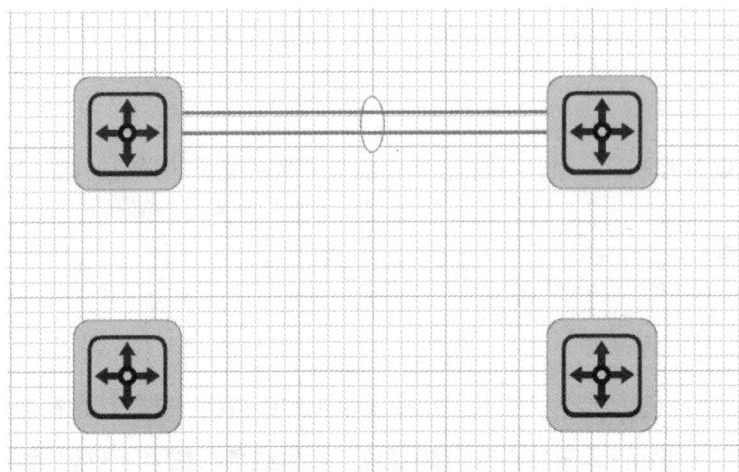

图 12-9　绘制椭圆形状

（3）重复操作，完成所有"交换机"之间的连接，如图 12-10 所示。

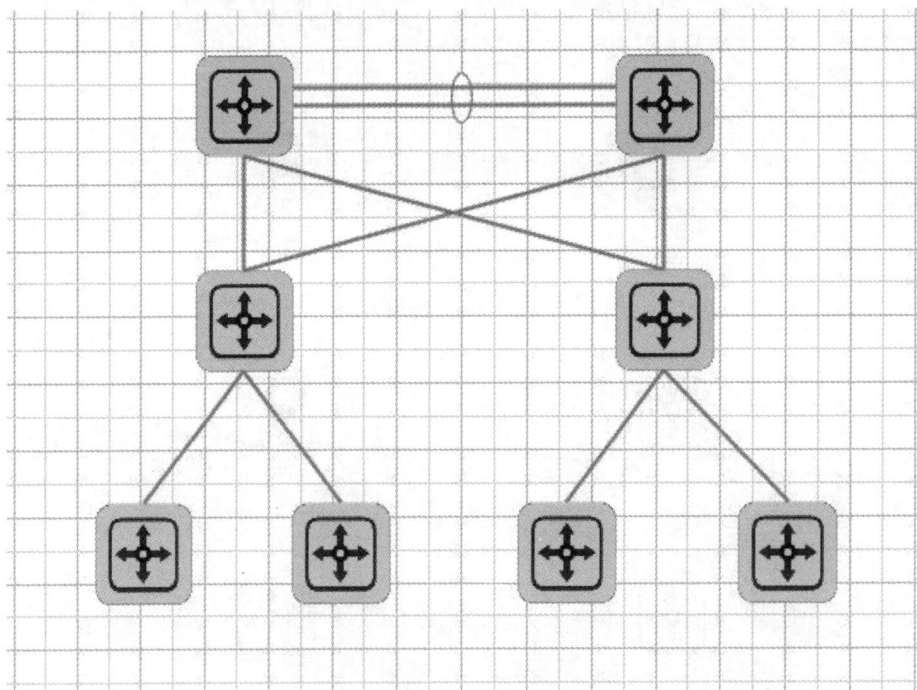

图 12-10　完成所有"交换机"的连接

（4）将终端设备（"监控"和"AP"）与"交换机"进行连接，设置线条粗细为 1.5 磅，并将左边两个线条的颜色设置为橙色，作为多模光纤，将右边两个线条的颜色设置为黑色，作为铜缆，如图 12-11 所示。

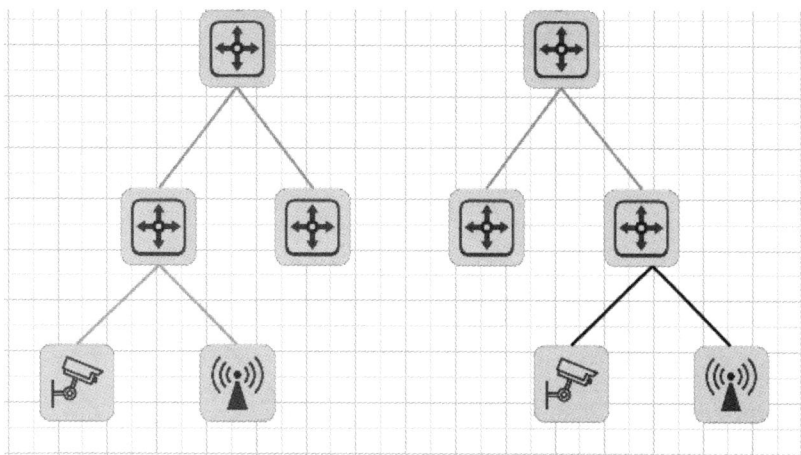

图 12-11　"交换机"与"终端设备"连接

2. 添加标注说明

（1）在"开始"选项卡中的"工具"组中选择"文本"选项，对所有网络设备进行文本说明，如图 12-12 所示。

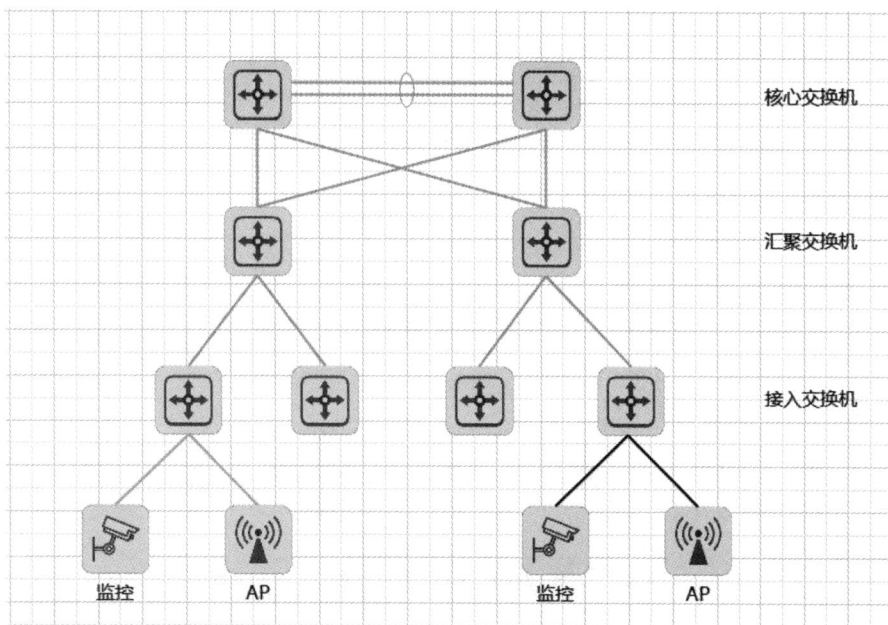

图 12-12　标注设备名称

（2）使用"连接线"绘制一条线划分上方区域为核心层，并设置线条粗细为 1.5 磅，线条格式为虚线 08，如图 12-13 所示。

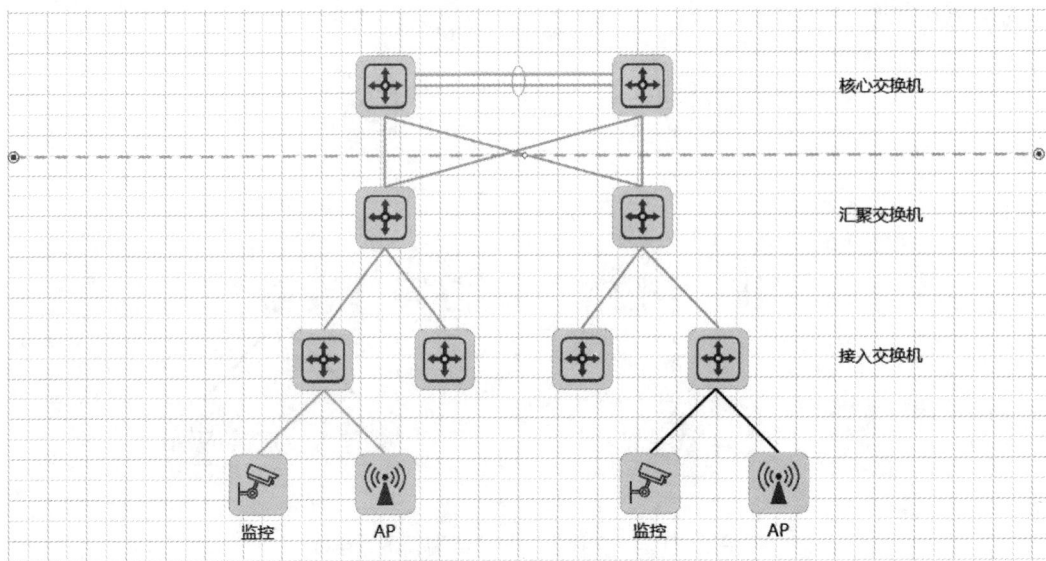

图 12-13　划分区域

（3）重复操作，划分网络拓扑层次，并添加文本说明，如图 12-14 所示。

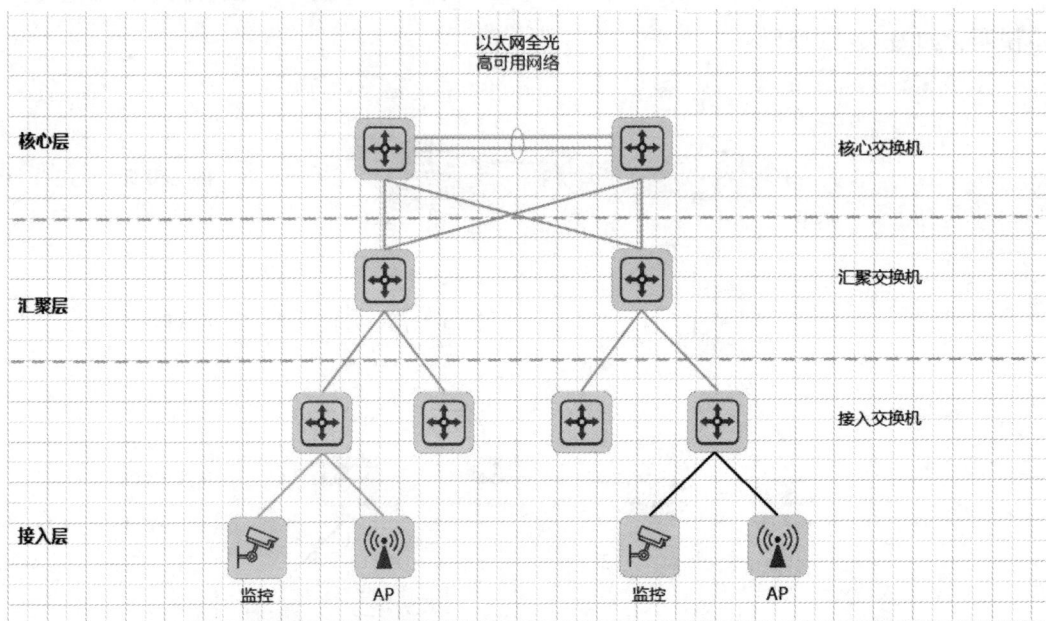

图 12-14　添加文本说明

（4）使用文本对连接介质的网络速率进行说明，并将文本框填充为"中蓝色"，如图 12-15 所示。

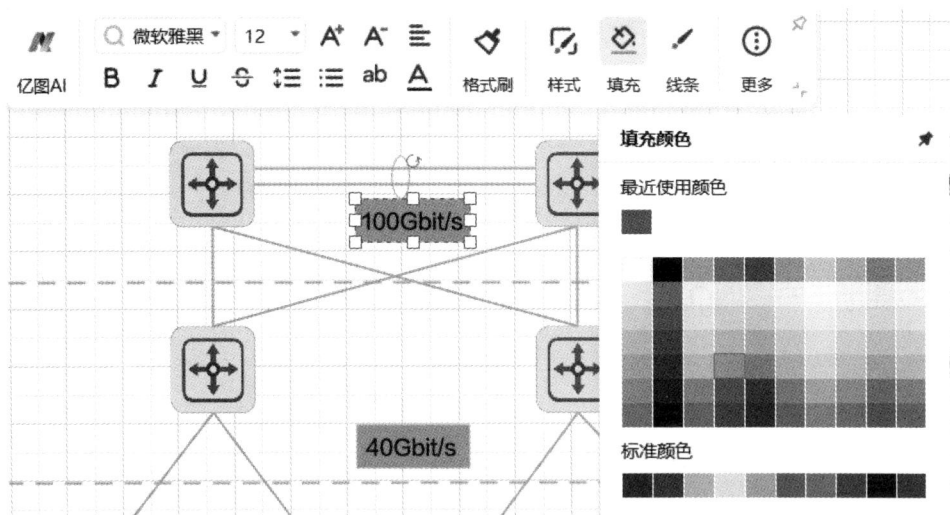

图 12-15 标注连接介质的网络速率

（5）重复操作，添加所有连接介质的网络速率的文本说明，如图 12-16 所示。

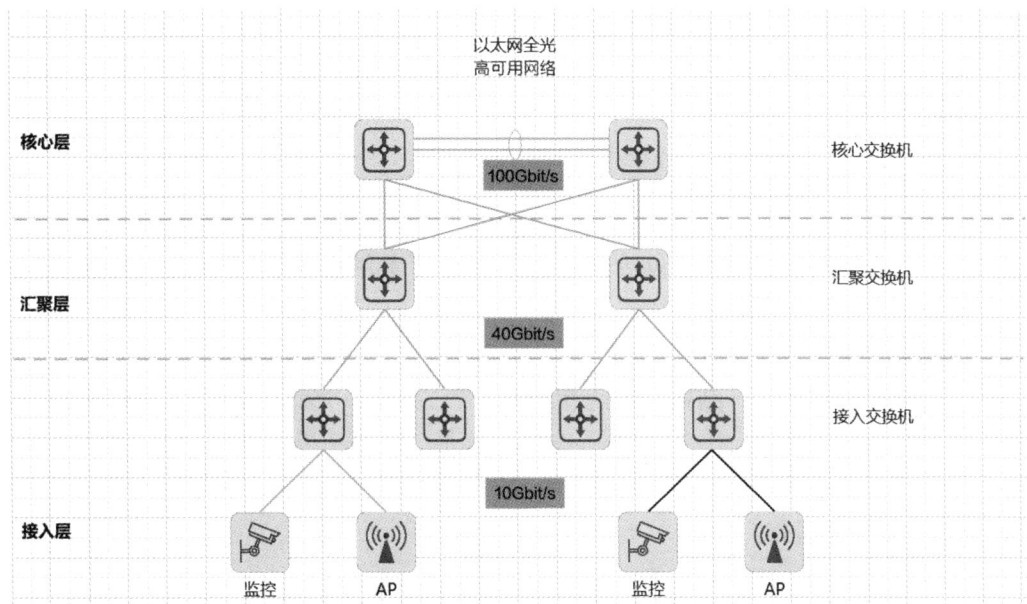

图 12-16 添加网络速率文本说明

（6）在绘图区域右下角添加连接介质的图例说明，如图 12-17 所示。

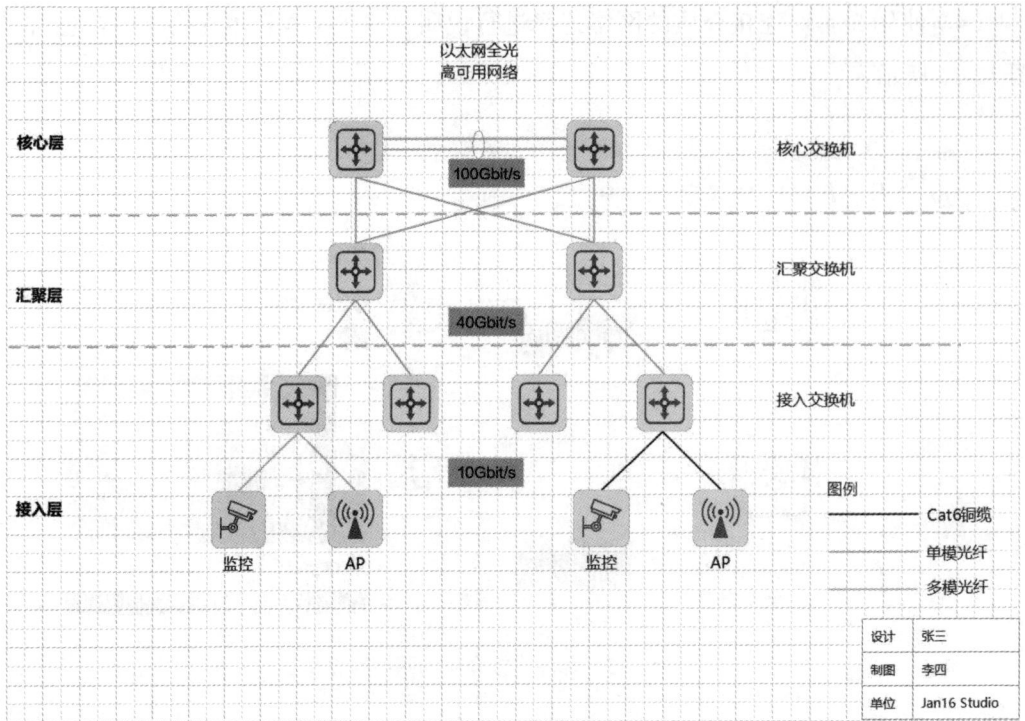

图 12-17　添加连接介质图例说明

💡 项目实训

根据学校宿舍楼设计全光网拓扑图，绘图设计要求如下。

（1）添加合理的网络设备，包括节点（如交换机、终端设备等）和链路（如光纤）的布局。

（2）设计全光网的拓扑结构，包括节点的位置、数量、类型及相互之间的连接方式。

（3）在图中清晰标注各节点的名称、类型、功能及链路的类型（如单模光纤、多模光纤）、长度、衰减等参数。

反侵权盗版声明

电子工业出版社依法对本作品享有专有出版权。任何未经权利人书面许可，复制、销售或通过信息网络传播本作品的行为；歪曲、篡改、剽窃本作品的行为，均违反《中华人民共和国著作权法》，其行为人应承担相应的民事责任和行政责任，构成犯罪的，将被依法追究刑事责任。

为了维护市场秩序，保护权利人的合法权益，我社将依法查处和打击侵权盗版的单位和个人。欢迎社会各界人士积极举报侵权盗版行为，本社将奖励举报有功人员，并保证举报人的信息不被泄露。

举报电话：（010）88254396；（010）88258888

传　　真：（010）88254397

E-mail：dbqq@phei.com.cn

通信地址：北京市万寿路 173 信箱

　　　　　电子工业出版社总编办公室

邮　　编：100036